THE DETERMINATION
OF MEDICAL MALPRACTICE

林志辉　著

医疗过失的判定研究

中国政法大学出版社

2022·北京

图书在版编目（CIP）数据

医疗过失的判定研究/林志辉著. —北京：中国政法大学出版社，2022.11（2023.2重印）

ISBN 978-7-5764-0660-3

Ⅰ.①医… Ⅱ.①林… Ⅲ.①医疗事故－伤害鉴定－研究－中国 Ⅳ.①D922.164

中国版本图书馆CIP数据核字(2022)第184291号

书　名　　医疗过失的判定研究
　　　　　YILIAOGUOSHI DE PANDING YANJIU

出版者　　中国政法大学出版社

地　址　　北京市海淀区西土城路 25 号

邮　箱　　fadapress@163.com

网　址　　http://www.cuplpress.com (网络实名：中国政法大学出版社)

电　话　　010-58908466(第七编辑部) 010-58908334(邮购部)

承　印　　固安华明印业有限公司

开　本　　720mm×960mm　1/16

印　张　　13.5

字　数　　228 千字

版　次　　2022 年 11 月第 1 版

印　次　　2023 年 2 月第 2 次印刷

定　价　　68.00 元

摘　要

医疗过失是过失的一种类型，医疗过失的判定问题是医疗过失中的重要问题。2009 年《侵权责任法》[1]颁布之前，我国主要根据《医疗事故处理条例》的相关规定对医疗过失进行判定。2009 年《侵权责任法》颁布后，我国在基本法层面规定了医疗过失判定的规则，《民法典》基本继受了 2009 年《侵权责任法》中医疗过失判定的相关规定，实质意义上修改的条文很少。

医疗过失判定的前提是对医疗过失进行界定。从以往对医疗过失界定的现状看，主要是沿用对过失的界定来进行。这种界定方式固然有其合理性，但也应注意医疗过失与一般过失界定的区别。医疗过失的行为主体是医务人员，责任主体是医疗机构。医疗过失是医疗行为中的过失，医疗行为不应限于是否具有诊疗目的，基于此，医疗过失应界定为医务人员在实施医疗行为时所体现的过失。医疗过失的判定对象是医疗行为。医疗行为的发展规律可以从其特征和发展脉络两个层面进行分析。医疗行为的特征主要为具有危险性、不确定性和裁量性。医疗行为的发展脉络分为从经验模式向循证模式转变和推动医疗行为的规范化、同质化。过失判定的关键词是注意义务，是否构成过失主要看是否尽到注意义务。研究医疗过失自

---

〔1〕　为了行文方便，本书中涉及的我国的法律法规均省略"中华人民共和国"字样，例如《中华人民共和国侵权责任法》简写为《侵权责任法》。

然也应从注意义务出发，只不过，注意义务在医疗过失判定中的表达方式较为独特，常常用医疗水平、医疗常规等用语进行表达，这些用语代替注意义务能够更加尊重医疗行业规律，更加容易被医务人员理解和掌握。在侵权法上，配置注意义务应当考量多种因素，即可预见性、可避免性和公共政策，医务人员注意义务的尽到与否也应该在这个框架内进行考量，当然，在具体考虑时，需要考虑医疗行业的特殊情况。

医疗过失的判定标准是医疗过失判定的核心，2009年《侵权责任法》制定时，学界有医疗水平标准、诊疗规范和诊疗常规标准、医疗惯例标准。2009年《侵权责任法》和《民法典》将医疗水平标准规定为我国医疗过失的判定标准，这种做法是值得肯定的。医疗水平标准在适用中存在一定的困境，主要体现在医疗过失判定标准的不统一和对医务人员负有的注意义务的程度认识不一。造成这种困境的原因有三个方面：对过失判定标准之间的关系尚未完全厘清、实体法之间确立了不同的判定标准、程序法规范与实体法规范之间衔接不当。针对这三种原因，本书应采取以下应对方案：在学理上，对医疗水平标准的内涵进行深入剖析；在实体法上，对医疗水平标准进行科学配置；在程序法上，通过颁布和修改相关法律推进医疗水平标准的落实；在司法实践层面，完善衡量医疗水平的因素、发布与医疗水平标准相关的指导案例和在裁判文书中强化医疗水平标准的说理。

医疗水平是医疗过失的判定标准，它在违反诊疗规范的情形下也应通过具体的规则得到体现。在我国，无论是学理还是司法实践，关于诊疗规范的范围都存在着不同的观点。对诊疗规范的正确认识需要从内涵和外延两个层面进行。在内涵上，诊疗规范是技术规范。有些对患者说明义务的规范也具有技术规范的性质；在外延上，应通过诊疗规范与法律、诊疗规范与诊疗标准、制定诊疗规范与认可的诊疗规范、诊疗规范与诊疗常规、"规定型"诊疗规范和"非规定型"诊疗规范、诊疗规范与诊疗指南、专家共识这六组关系来认识诊疗规范。对于违反诊疗规范的判断标准，现行法律规定和司法解释都没有明确作出规定，学界也几乎未对违反诊疗规范的标准展开深入研究。应对违反诊疗规范的判断标准和医疗过失的判定标准进行区分，违反诊疗规范的判断标准为是否与诊疗规范的内容相符，个体差异和地域因素是判定医疗过失的考虑因素，不是判定违反诊疗规范的考虑因素。违反诊疗规范情形下的医疗过失判定存在的问题有二：第一，对违反诊疗规范的后果仍存在不同认识，医学界的多数学者主张诊疗规范是一种参考资料，违反诊疗规范不能推定有过失。法学界中多数学者则主张，违反诊疗规范应推定有过失。第二，如果采用推定过失说，医疗机构的反证事由不清晰、不完整。针对第一个问题，从诊疗规范的本质和诊疗规范的功能两个层面分析违反诊疗规范的后果，最终得出的结论是违反诊疗规范推定有过失。针对第二个问题，在确定医疗机构具体反证事由构建的依据后，将医疗机构的反证事由分为最终反证事由和初步反证事由。最终反证事由是指反证事由一旦成立，医疗机构就不再具有医疗过失，当然也就不再承担侵权责任，具体包括通常情况下达到当时的医疗水平和紧急情况尽到合理的诊疗义务。初步反证事由是指能够推翻推定医疗机构有医疗过失的反证事由。这种反证事由一旦被认定成立，医疗机构有过失的推定就被推翻，不过，这并不表明医疗机构就不具有过失，患者需要再次举证证明医务人员的医疗行为有过失，医疗机构也需要对其无过失进行抗辩，初步反证事由包括患者的个体差异、诊疗规范已经过时或者存在一定的问题。当然，医疗机构的反证事由是开放的，我国应通过加强相关法律规范的解释和医事法学的研究来不断完善医疗机构的反证事由。

患者在对医疗过失举证证明时，有些情况下会遇到证明障碍，这种情况下须对医疗过失的判定作出正确的处理。界定证明障碍需要考虑三个因素，即人为因素、时间因素和效果因素。证明障碍既不同于证明困境，也不同于证明妨碍。目前，我国在证明障碍情形下的医疗过失判定中存在一定的困境，具体体现在两个层面：一个是对《民法典》第1222条第2项、第3项的后果存在认识分歧，另一个是病历记载不全的情形，过失判定的思路不清晰。针对第一个问题，首先，需要对"认定过失说"和"推定过失说"的分歧予以厘清。从《民法典》第1222条第2项和第3项的规范意旨、医疗机构的主观可归责性与救济和制裁的手段及医疗机构与患者的利益衡量三个层面进行分析，本书认为"推定过失说"比"认定过失说"更合理，《民法典》第1222条第2项和第3项的法律后果应为推定有过失。其次，要解决医疗机构反证事由的问题。应针对病历故意造成证明障碍的行为和过失造成证明障碍的行为分别设置不同的反证事由。对于针对病历的故意造成证明障碍的行为，医疗机构可以通过证明伪造、篡改、拒绝提供病历等所涉及的内容与案件事实无关或不属于必要的医疗行为进行反证。不过，这种情形下，不应再允许医疗机构以自身的医疗行为达到医疗水平进行反证。对于针对病历的过失造成证明障碍的行为，应放宽医疗机构的反证事由，除上述两种反证事由外，应允许医疗机构以达到当时的医疗水平进行反证。针对第二个问题，应在对病历记载不全的成因分析的基础上进行过失判定。对于基于隐瞒错误医疗行为致使病历记载不全的情形，如果能查明案情，则应按照医疗水平标准进行过失判定，如果不能查明案情，则可以适用事实自证规则进行过失判定。对于基于其他原因致病历记载不全的情形，应在查明案件事实的基础上，运用医疗水平标准进行判定，如果不能查明案件事实，则应运用事实自证规则和证明妨碍规则进行医疗过失的判定。

目 录

导　论

一、选题背景和意义

（一）选题背景

近些年来，我国医患关系较为紧张，杀医伤医的恶性案件时有发生。从 2009 年《侵权责任法》至《民法典》，都非常重视在侵权责任层面对医患关系进行法律调整。在侵权责任层面，医疗过失的判定是非常重要的问题，《民法典》通过第 1221 条和第 1222 条两个条文来解决医疗过失判定问题，这两个条文基本继受了 2009 年《侵权责任法》的第 57 条和第 58 条的规定。

在医疗过失的判定中，有诸多问题存在着认识分歧之处，如医疗过失判定的标准问题，有的观点认为医疗水平是判定标准，有的观点则认为诊疗规范是判定标准。又如，违反诊疗规范的后果问题，有的观点认为是推定医疗机构有过失，有的观点则认为诊疗规范是参考资料，违反诊疗规范不应推定有过失。类似的问题还包括衡量医疗水平的因素是否考虑地域因素、诊疗规范的范围和医疗机构的反证事由等。

这些问题在 2009 年《侵权责任法》颁布后就逐渐开始显现，《最高人民法院关于审理医疗损害责任纠纷案件适用法律若干问题的解释》（以下简称《医疗解释》）第 16 条明确了衡量医疗水平的考虑因素，虽然一定程度上有助于上述问题的解决，但学界和司法实务部门对这些问题仍存在一定的争议。

如果这些问题得不到妥善解决，不但会使法院无法正确裁判案件，同案不能得到同判，而且还会使医方和患方的合法权益都得不到较好的保护，医疗事业的健康发展也会受到不利影响。

医疗过失的判定具有很强的研究价值，笔者长期关注我国医疗侵权的立法和实践，希望通过自己的研究成果，为医疗过失的判定的学术发展贡献力量。

（二）选题意义

对医疗过失的判定进行研究，具有理论意义和实践意义。

从理论意义层面来看，在我国，侵权责任是解决医疗纠纷的主要途径，绝大部分医疗纠纷案件提起的都是侵权之诉。过失是侵权责任的构成要件之一，因此，过失的判定问题应当予以重视并得到妥善解决。目前，我国医疗过失的判定规则在运行中出现了一些困境，现行法规范的价值目标难以实现。这种现状凸显了我国学界对医疗过失判定的理论研究的薄弱，不能适时为医疗过失判定规则运行困境的解决提供理论上的支持。《民法典》颁布后，学术研究从立法论转向了解释论，医疗过失判定的规则作为《民法典》的重要内容，应该受到重视，我国应该强化对这些规则的理论研究。

从现实意义层面来看，医患关系是社会关系的重要一环，医患关系得到妥善处理，对于维护医患双方的合法权益和推动医疗事业的健康发展都具有重要意义。当前，我国医疗过失判定规则在运行中存在一定的困境，不利于鉴定机构科学地作出鉴定结论和法官正确地裁判案件。立法者期望通过民事责任规范的配置来缓解紧张医患关系的价值目标也难以实现。

二、国内外研究现状

（一）国内研究现状

我国很早就开始对医疗过失的判定进行研究，研究成果较为丰富，已经出版的研究侵权责任法和医事法的教材与著作中都涉及了医疗过失的判定。此外，还有系统研究医疗过失判定的多篇 CSSCI 论文发表和多部著作出版。

　　2009 年《侵权责任法》颁布之前，我国学者对医疗过失判定的研究集中在过失判定的标准和证明困境下医疗过失的判定两个问题上。这方面的文献很多，代表性的文献，如龚赛红教授的博士论文《医疗损害赔偿立法研究》、关淑芳教授的论文《论医疗过错的认定》和赵西巨教授的著作《医事法研究》。他们在文献中，详细地论述了如何确定医疗过失判定的标准以及证明困境下如何判定医疗过失。2009 年《侵权责任法》颁布后，虽然过失判定的标准和证明困境下医疗过失的判定仍然是学术研究的重点，但学者的研究范围已经有所扩大，开始关注诊疗规范的范围、违反诊疗规范的后果、医疗机构的反证事由三个方面。

　　1. 医疗过失的判定标准问题

　　2009 年《侵权责任法》颁布之前，在我国医疗过失的判定中一直存在对医疗过失判定标准的选择问题。

　　（1）医疗水平标准的引入。2009 年《侵权责任法》颁布之前，我国采用的是诊疗规范、诊疗常规标准。之所以采用这个标准，是因为《医疗事故处理条例》（以下简称《事故条例》）对此有明确的规定。后来陆续有学者主张，我国应借鉴其他国家和地区的经验，采用医疗水平标准。关淑芳教授于 2002 年提出我国应在医疗过失判定上引入医疗水平标准。[1]之后，艾尔肯教授、周江洪教授、杨立新教授和夏芸教授等也都主张我国应引入医疗水平标准。他们都对医疗水平标准的内容进行了分析，但分析的侧重点有所不同，关淑芳教授、艾尔肯教授和杨立新教授的分析重点在医疗水平标准的衡量因素，[2]而周江洪教授和夏芸教授则对医疗水平标准发展的过程进行了详尽的分析，他们将医疗水平标准的学术研究推向了一个新的高度。[3]在日本，医疗水平标准不是一成不变的，经历过从绝对说

────────────

　　〔1〕　关淑芳："论医疗过错的认定"，载《清华大学学报（哲学社会科学版）》2002 年第 5 期。
　　〔2〕　杨立新：《医疗损害责任研究》，法律出版社 2009 年版，第 109 页。
　　〔3〕　周江洪："日本医疗水准说评析"，载《中国政法大学学报》2008 年第 5 期；夏芸：《医疗事故赔偿法——来自日本法的启示》，法律出版社 2007 年版，第 125 页。

向相对说的转变。我国学者也主张医疗水平标准应采纳相对说。从周江洪教授撰写的论文中能够发现，日本学界对医疗水平标准的学术讨论是很热烈的，相对说虽然占据通说位置，但也有部分学者对其质疑。医疗水平标准引入我国后，学界讨论最多的就是通过哪些因素来确定医疗水平，很少有学者对相对说质疑。

（2）几种医疗过失判定标准的关系。在这几种判定标准之间的关系上，有些学者提出医疗惯例标准和诊疗规范、诊疗常规标准不适合作为医疗过失的判定标准。古津贤教授等人认为，医疗惯例的形成中个人因素浓厚，相对较为陈旧，有时还存在明显的漏洞。[1]最高人民法院的仲伟珩法官认为，有些医疗惯例有不合理之处。于佳佳博士、窦海阳副教授和马辉副教授认为，诊疗规范、诊疗常规标准低于医疗水平标准。具体理由是诊疗常规标准较为固化，阻碍医务人员进行大胆创新，较为定型化，难以满足患者治疗的个体化的需求，有时会有错误，不利于对患者进行诊治。[2]相较而言，学者们较为赞同医疗水平标准。由于医疗水平标准有模糊之处，因此，学者们也在努力地解释该标准，尽量使其变得清晰一些。学者们有两种不同的解释路径：一种解释路径是注重发挥诊疗规范的作用，认为诊疗规范基本可以确定注意义务；另一种解释路径则注重摆脱行业规范的依赖，用侵权法上的善良管理人的标准来构建医务人员的注意义务。[3]不过，这种观点依然承认诊疗规范在过失判定中的重要作用。在笔者看来，这两种路径的差别主要是理念上的差别，第一种路径比第二种路径更加依赖诊疗规范。

---

〔1〕 古津贤、强美英主编：《医事法学》，北京大学出版社 2011 年版，第 236 页。

〔2〕 于佳佳："论医疗过失的判断标准——解读《侵权责任法》第 57 条对医疗上注意义务的规定"，载《中南大学学报（社会科学版）》2016 年第 3 期；窦海阳："法院对医务人员过失判断依据之辨析——以《侵权责任法》施行以来相关判决为主要考察对象"，载《现代法学》2015 年第 2 期。

〔3〕 赵西巨："论我国立法和司法对法定外在标准的过度依赖——以我国医疗损害责任鉴定与诉讼实践为例"，载《证据科学》2012 年第 3 期。

（3）对医疗水平标准概念的不同界定。2009 年《侵权责任法》规定医疗水平标准后，学者们不断尝试对医疗水平标准进行概念的界定。如王利明教授用"通常的水平"和"平均的水平"来界定医疗水平；[1]程啸教授用"合格医务人员的水平"一词来界定医疗水平[2]等。学者们在界定医疗水平标准的内涵时，既不对其表述的用语作进一步的解释，也不对其他学者表述的用语进行评析。

（4）衡量医疗水平的因素。在提出医疗水平的标准后，学者们还对衡量医疗水平的因素进行探讨。关淑芳教授认为，衡量医疗水平应考虑地域因素、紧急因素，同时还要考虑"医学判断"法则、"可尊重的少数派"法则、"最佳判断"法则的运用。[3]艾尔肯教授认为，衡量医疗水平的因素应包括专门性、地域性和紧急性。[4]杨立新教授认为，衡量医疗水平的因素应包括地域因素和医疗机构的资质因素和紧急情况。[5]古津贤教授和强美英教授认为，衡量医疗水平应考虑专门性、地域性、医疗条件、紧急性等因素。[6]这些研究成果对司法解释的制定产生了积极的影响。最高人民法院在其制定的司法解释中，吸纳了学者们列举的考虑因素中的大部分。我国学者基本上都不主张衡量医疗水平时，根据医务人员资历的不同而设定不同的标准。

（5）医疗水平是何种注意义务。杨立新教授认为，医务人员应负有高度注意义务。[7]古津贤教授和强美英教授认为，不应使用"最大"或

---

〔1〕 王利明：《侵权责任法研究（下卷）》，中国人民大学出版社 2011 年版，第 395~398 页。

〔2〕 程啸：《侵权责任法》，法律出版社 2015 年版，第 563 页。

〔3〕 关淑芳："论医疗过错的认定"，载《清华大学学报（哲学社会科学版）》2002 年第 5 期。

〔4〕 艾尔肯："论医疗过失的判断标准"，载《辽宁师范大学学报（社会科学版）》2007 年第 3 期。

〔5〕 杨立新：《医疗损害责任研究》，法律出版社 2009 年版，第 109 页。

〔6〕 古津贤、强美英主编：《医事法学》，北京大学出版社 2011 年版，第 246~247 页。

〔7〕 杨立新：《侵权责任法》，法律出版社 2018 年版，第 267 页。

"最全"等用语来界定他们的注意义务，否则会造成防御医疗。[1]程啸教授认为，医务人员应负有合理的注意义务。[2]单国军法官认为，医务人员负有的是比善良管理人更高的注意义务。[3]还有观点认为，医务人员负有的是最基本的注意义务。在这个问题上，学者们没有高度注意义务、最大的注意义务和合理的注意义务的内涵及它们之间的边界进行具体分析。

2. 证明存在困境时，医疗过失的判定问题

（1）对证明困境的讨论。"证明困境"是笔者从学者的观点表述中选取的一个用语，实际上学者对这个问题的表述用语并不完全一致，有的使用"举证困难"，有的使用"证明困境"。已经出版的侵权法教材都不对证明困境进行讨论，他们讨论《民法典》第1222条第2项和第3项规定时，使用的标题是"医疗过错的推定"。大部分学者发表的论文中仅仅提到医疗过失判定中存在证明困境，并不对其形成原因进行分析。个别学者对证明困境进行了全面的分析，如赵西巨教授从患者、医疗机构、鉴定机构、法院等几个层面，分析了证明困境的成因。这些原因包括《民法典》第1222条第2项和第3项中的情形，但又不限于这些情形。[4]

（2）《民法典》第1222条第2项和第3项的法律后果不明确。学界大体有如下分析进路：一种分析进路是从这些行为的违法性出发，分析其法律后果，王利明教授、程啸教授和张新宝教授都主张这种观点。王利民教授和程啸教授认为，这两项所列举的情形都属于较明显的违法行为，因此推定医疗机构有过失。[5]张新宝教授认为这两种情形都属于违法行为，应

---

〔1〕 古津贤、强美英主编：《医事法学》，北京大学出版社2011年版，第234页。

〔2〕 程啸：《侵权责任法教程》，中国人民大学出版社2020年版，第295页。

〔3〕 王岳："英国侵权法视野下中国医疗过失的流变与展望"，载《医学与哲学（A）》2016年第12期。

〔4〕 赵西巨：《医事法研究》，法律出版社2008年版，第380~381页。

〔5〕 王利明：《侵权责任法研究（下卷）》，中国人民大学出版社2011年版，第404页；程啸：《侵权责任法教程》，中国人民大学出版社2020年版，第295页。

认定具有过错。[1]第二种分析路径是从证明妨碍的角度出发，分析其法律后果，主张应推定过失。周友军教授和纪格非教授等人都持这种观点，都认为这些情形构成证明妨碍行为。[2]

（3）对证明困境的情形下医疗过失的判定问题，学者们都主张仅凭实证法规定医疗过失的判定标准是不够的，还需要再引入其他规则。学者们主张引入事实自证、表见证明和证明妨碍等规则。[3]

3. 诊疗规范方面的问题

（1）学界对诊疗规范研究的程度。在诊疗规范的范围上，学者们有不同程度的分析。在侵权法教材或者专著中对诊疗规范的范围作出的分析，往往较为简洁，一般是直接给出结论，如张新宝教授撰写的《侵权责任法》、程啸教授撰写的《侵权责任法》等。邹海林教授和朱广新教授编写的《民法典评注：侵权责任编》一书对诊疗规范展开了较为细致的分析。[4]在已发表的论文中，有些论文对诊疗规范的范围进行了深入分析，其中研究最为细致的是曾见副教授撰写的论文。[5]

（2）学界对诊疗规范的范围界定。可以用"各不相同"和"模糊不清"两个词来形容我国学界对诊疗规范范围的界定。

首先，学者们界定的诊疗规范的范围是各不相同的。在我国，不同学者界定的诊疗规范的范围几乎都不同。在这些学者的主张中，曾见副教授界定的诊疗规范的范围最广，具体可以概括为从官方到个人，从国内到国外，一切能够规范诊疗行为的规范都属于诊疗规范的范畴。王利明教授界

---

〔1〕 张新宝：《侵权责任法》，中国人民大学出版社 2020 年版，第 553 页。

〔2〕 周友军：《侵权法学》，中国人民大学出版社 2011 年版，第 260 页；纪格非："医疗侵权案件过错之证明"，载《国家检察官学院学报》2019 年第 5 期。

〔3〕 王丽莎：《医疗过失理论研究》，中国政法大学出版社 2014 年版，第 253~260 页。

〔4〕 邹海林、朱广新主编：《民法典评注：侵权责任编》，中国法制出版社 2020 年版，第553 页。

〔5〕 曾见："论《侵权责任法》第 58 条中的'诊疗规范'"，载《中国卫生事业管理》2017 年第 8 期。

定的诊疗规范的范围较窄，仅仅限定于法律中规定的诊疗规范和医疗机构自身制定的诊疗规范。王利明教授将行业协会制定的诊疗规范排除在《民法典》第1222条第1项的"诊疗规范"的范围之外。[1]周友军教授界定的诊疗规范的范围也较窄，仅仅是法律中规定的诊疗规范，将行业协会制定的诊疗规范排除在外。[2]朱冬副教授对诊疗规范的范围的界定为只要是通过"规定"表现出来的诊疗规范都属于诊疗规范。[3]邹海林教授和朱广新教授编写的《民法典评注：侵权责任编》中将诊疗规范界定为有关部门与行业协会制定的诊疗规范，比周友军教授界定的诊疗规范的范围多了一个行业协会制定的诊疗规范。程啸教授从狭义和广义两个角度界定诊疗规范，广义的诊疗规范比狭义的诊疗规范多了一个由全国性的行业协会制定的诊疗规范。[4]杨立新教授认为，诊疗规范不应该是对患者履行说明义务的规范。[5]但刘国祥教授却认为，诊疗规范是技术规范，但某些说明义务的规范也属于诊疗规范。[6]司法实践中，对诊疗规范的理解也是千差万别。有的法院仅仅将诊疗规范界定为技术规范，有的法院将对医疗机构的管理的规定也列入诊疗规范的范畴。还有的法院将病历管理的规定纳入诊疗规范的范畴之中。

其次，学者们对诊疗规范范围的表述较为模糊。如程啸教授虽然将诊疗规范分为狭义和广义，但他并没有说明《民法典》第1222条第1项的"诊疗规范"是狭义上的还是广义上的。程啸教授也没有对狭义的诊疗规范作进一步解释，比如何为"制定的诊疗规范"和何为"认可的诊疗规范"。周友军教授对诊疗规范的范围的界定也有模糊之处，他没有指

---

〔1〕 王利明：《侵权责任法研究（下卷）》，中国人民大学出版社2011年版，第406页。

〔2〕 周友军：《侵权法学》，中国人民大学出版社2011年版，第260页。

〔3〕 朱冬："论'诊疗规范'在医疗过失认定中的作用——兼评《侵权责任法》第五十八条"，载《中国卫生法制》2011年第4期。

〔4〕 程啸：《侵权责任法教程》，中国人民大学出版社2020年版，第296页。

〔5〕 杨立新：《侵权责任法》，法律出版社2018年版，第257页。

〔6〕 赵万一主编：《医事法概论》，华中科技大学出版社2019年版，第481~485页。

出，何为"所有层级"、何为"规范性法律文件"。邹海林、朱广新教授界定的诊疗规范的范围中亦有模糊之处，他们并没有进一步指明何为"有关部门"。

（3）违反诊疗规范的判断标准。对于这个问题，尚未有学者深入研究。从学者们的观点表述中大致可以推断，违反诊疗规范就是与诊疗规范的内容不符。

4. 违反诊疗规范的后果问题

在医学界，目前还没有学者对违反诊疗规范的后果进行分析，不过从学者们对诊疗规范研究状况的分析可以间接发现他们对这种后果的认识。第一种观点是参考资料说。违反诊疗规范，不能推定有过失。在医学界，持这种观点的学者占据多数。[1]第二种观点可以解释为推定说。这种观点认为，诊疗规范不是参考性文件，而是必须遵守的准则和临床依据，当然该观点也主张诊疗规范的适用要考虑患者的个体情况等因素。[2]从这种观点的表述看，违反诊疗规范应推定医务人员的医疗行为有过失。在医学界，持这种观点的学者占据少数。

在法学界，学者们对违反诊疗规范的后果进行了认真研究，形成了如下观点。第一种观点是推定可反驳说。我国很多学者都赞同"推定说"，但分析路径不尽相同：一种分析路径是从"推定"的文义入手进行结论分析，如程啸教授认为，此处的推定属于违法推定过失，一旦医务人员通过举证证明自身不存在过错，医疗机构就应当承担损害赔偿责任。[3]周友军教授和窦海阳副教授也都是按照这种路径进行分析的。第二种分析路径是对过失证明标准和过失的证明进行区分，达到过失的证明所要求的标准只

〔1〕 刘续宝、孙业桓主编：《临床流行病学与循证医学》，人民卫生出版社 2018 年版，第 175 页；马建辉、闻德亮主编：《医学导论》，人民卫生出版社 2013 年版，第 172 页。

〔2〕 王行环主编：《循证临床实践指南的研发与评价》，中国协和医科大学出版社 2016 年版，第 17 页、第 182 页。

〔3〕 程啸：《侵权责任法》，法律出版社 2015 年版，第 565～566 页。

能推定有过失。持这种观点的是纪格非教授。纪格非教授进一步认为，《民法典》第 1222 条的主要功能在于减轻患者的举证责任，而非确立独立于第 1221 条判断医疗过错的实体标准……第 1222 条理解为法律推定，允许当事人反驳的观点最贴近立法者的原意。[1]第三种分析路径是将诊疗规范纳入公法规范或规制性规范的范畴，这种规范经由转介机制进入私法后，成为一种行为标准，违反这种标准会发生推定过失的法律效果。[2]

第二种观点是根据诊疗规范不同的类型确定违反诊疗规范是推定过失，还是对过失的判定没有影响。这种观点为曾见副教授所主张。根据该观点，诊疗规范可以划分为强制性的诊疗规范和非强制性的诊疗规范，违反前一种诊疗规范，应认定有过失，而违反后一种诊疗规范，则应根据这种诊疗规范是属于应遵守的诊疗规范还是属于参考性的诊疗规范进行判断，其中违反应遵守的强制性的诊疗规范应推定有过失，违反参考性的非强制性的诊疗规范则不能推定有过失，只是一种参考资料。[3]

在这个问题上，立法部门一直是旗帜鲜明，无论是在 2009 年《侵权责任法》时期，还是在《民法典》时期，都坚持认为，违反诊疗规范的后果是推定存在过失。

无论是学界还是立法部门对违反诊疗规范的后果的分析都不够深入，因为他们只提出了自己的观点，并未对其他的观点进行分析，找出这些观点站不住脚的理由。

5. 医疗机构的反证事由问题

在医疗机构的反证事由上，由于我国多数学者认为，违反诊疗规范就是有过失，所以研究医疗机构如何反证的学者很少。

《民法典》颁布之前，在对医疗机构反证事由有所关注的学者中，大

---

〔1〕 纪格非："医疗侵权案件过错之证明"，载《国家检察官学院学报》2019 年第 5 期。

〔2〕 朱虎：《规制法与侵权法》，中国人民大学出版社 2018 年版，第 171 页。

〔3〕 曾见："论《侵权责任法》第 58 条中的'诊疗规范'"，载《中国卫生事业管理》2017 年第 8 期。

部分学者只是仅仅指出医疗机构可以反证，但对具体的反证事由没有展开说明。少数学者提出了具体的反证事由，即当因违反诊疗规范推定有过失时，医务人员可以以情况紧急下且作出的医疗行为较为合理进行反证。[1] 学者们对这种反证事由的分析是通过对《民法典》第 1224 条进行体系解释得出的结论。

立法部门也主张违反诊疗规范是推定过失，主张的反证事由和学者主张的反证事由相同。[2]

《民法典》颁布后，邹海林教授和朱广新教授编写的《民法典评注：侵权责任编》较为系统地阐述了医疗机构的反证事由。[3] 在构建医疗机构反证事由的理由方面，认为若不允许医疗机构进行反证，不利于医学发展，也不符合医疗过失判断的具体化的要求。在医疗机构反证的具体事由方面，在其他学者主张的反证事由的基础上又增加了三个反证事由，即当时的医疗水平、患者的个体差异和患者最大的利益，并且用"等"结尾，表明了医疗机构反证事由的开放性。与之前的研究成果相比，有突破性的进展。

综上所述，我国学者对医疗过失判定的相关问题进行了一定程度的研究，虽研究范围较为广泛，但研究程度仍有不足。具体而言，对诊疗规范的范围、违反诊疗规范的判断标准、违反诊疗规范的后果和医疗机构的反证事由的研究程度较低，对衡量医疗水平的因素、证明困境下医疗过失的判定的研究程度较高。

（二）国外研究现状

1. 医疗过失的判定标准

在医疗过失的判定标准上，英美法系过去曾采用医疗惯例标准，但在

---

[1]　蔡颖雯：《侵权过错认定法律问题研究》，法律出版社 2016 年版，第 262 页；王利明：《侵权责任法研究（下卷）》，中国人民大学出版社 2011 年版，第 410 页；车辉等编著：《侵权责任法理论与实务》，中国政法大学出版社 2012 年版，第 217 页。

[2]　黄薇主编：《中华人民共和国民法典侵权责任编解读》，中国法制出版社 2020 年版，第 213 页。

[3]　邹海林、朱广新：《民法典评注：侵权责任编》，中国法制出版社 2020 年版，第 558 页。

Bolitho 案后，法院不再完全依赖医疗惯例，逐渐开始审视医疗惯例在个案中是否具有合理性，当然，学者们也指出，"Bolitho 标准并未给医疗专业人员施加过重的负担……该判决并不如呈现出的那样具有创新性"。[1]时至今日，美国仍有学者认为，医疗过失的判断标准还是医疗惯例说。不过也有学者认为美国法院对医疗过失的判定采用理性医务人员标准。[2]

在医务人员承担何种程度的注意义务上，各国的做法有不同之处。在德国，在医疗水平标准的内涵上，不同层次，不同医师负有的注意义务不同，拥有特别知识和技能的医师承担更高的注意义务。[3]英国法实务认为，侵权法不同于契约法，无须为特别优秀之医师设置特别注意义务，只需要达到相同情境下其他专业人士相同的医疗水平即可。和英国法相同，美国法并不会为某一领域的专家配置比普通医生更高的注意义务。[4]

英国法和美国法并没有要求医师对患者负有高度注意义务，因为只要他们具备合理的技能即可。[5]

2. 医疗水平标准的概念界定

在国外，有些学者也尝试对医疗水平的概念进行界定。美国学者认为，医疗水平标准是其所属职业中通常专业人员所具有的或者展现出来的知识、技能和勤勉水平。[6]McNair 法官认为，医疗水平是指行使或声称拥有此种特殊技能的、通常的熟练人员所应当达到的标准。[7]美国也有学者反对用

---

〔1〕 [英] 约翰·廷格、皮帕·巴克编著：《患者安全、法律政策和实务》，张鲁平、翟宏丽等译，中国政法大学出版社 2016 年版，第 45 页。

〔2〕 陈聪富：《医疗责任的形成与展开》，台大出版中心 2020 年版，第 239 页。

〔3〕 吴振吉：《医疗侵权责任之过失判定》，元照出版有限公司 2020 年版，第 108~109 页。

〔4〕 [美] 文森特·R. 约翰逊：《美国侵权法》，赵秀文等译，中国人民大学出版社 2017 年版，第 65 页。

〔5〕 [英] 马克·施陶赫：《英国与德国的医疗过失法比较研究》，唐超译，法律出版社 2012 年版，第 62 页。

〔6〕 王利明：《侵权责任法研究（下卷）》，中国人民大学出版社 2011 年版，第 391 页。

〔7〕 [英] 马克·施陶赫：《英国与德国的医疗过失法比较研究》，唐超译，法律出版社 2012 年版，第 62 页。

"平均"一词来界定医疗水平，认为这个词难以界定，无法操作。[1]在德国，联邦最高法院认为医疗水平标准是"一个值得尊重的、勤勉不苟的，具有平均技能的医疗职业人士的注意义务"。不难看出，国外对医疗水平概念的界定也存在一定的分歧，不过他们对这个概念进行了一定程度的比较分析。

3. 违反诊疗规范的后果

在德国，司法实务上认为，对于病患具有特殊情形，完全遵循诊疗规范治疗，这对于患者健康并不是绝对有益的。[2]这说明，在德国，违反诊疗规范并不会推定有过失。在美国，医疗过失的判定主要依赖的是专家证言，违反诊疗规范并不会被推定或判定为有医疗过失。美国 Lowry v. Hendry Mayo Newhall Memorial Hospital 案中，医师违反诊疗规范，但法院却判决医师胜诉。法院认为，比较案件本身事实或专家证言的证据，诊疗规范并未更具有说服力。[3]在美国，诊疗规范是一种参考资料，违反诊疗规范不会推定过失。[4]

4. 证明困境情形医疗过失的判定

在国外，医疗过失纠纷也会遭遇证明困境。他们在医疗过失判定标准之外，都通过一些特殊的规则来解决过失判定问题。如事实自证规则和表见证明规则等。

三、研究思路与方法

（一）研究思路

本书第一章的研究思路是先对医疗过失的概念进行界定，主要从主体

---

〔1〕［英］马克·施陶赫：《英国与德国的医疗过失法比较研究》，唐超译，法律出版社2012年版，第56页。

〔2〕吴振吉：《医疗侵权责任之过失判定》，元照出版有限公司2020年版，第140页。

〔3〕陈聪富：《医疗侵权行为之构成要件分析》，元照出版有限公司2014年版，第60页。

〔4〕陈聪富：《医疗侵权行为之构成要件分析》，元照出版有限公司2014年版，第62页。

要素和行为要素两个维度进行解读，进而对医疗过失的判定对象——医疗行为的规律进行阐释，具体是从其特征和发展脉络两个层面展开论述。接下来，对医疗过失的判定根据——注意义务进行分析，具体是从注意义务在过失判定中的作用，考量因素和在医疗过失判定中的表达方式来展开分析。这些内容为医疗过失的判定提供了理论支持。

本书第二章的研究思路是先对我国《民法典》等法律进行文本分析，指出医疗水平是我国医疗过失判定的标准，然后对医疗水平标准功能发挥受到限制的表现和原因进行分析，提出相应的解决方案。在学理层面，对医疗水平标准进行内涵分析，改变对医疗水平标准内涵模糊不清的认识现状。在立法层面，通过实体法层面的科学立法，对医疗水平标准进行科学配置。通过制定和修改相应的程序法规范，使得程序法规范和实体法上的医疗水平标准能有效衔接。在司法层面，通过在司法解释中科学确定衡量医疗水平的因素、发布指导案例和加强裁判文书的说理等措施促成医疗水平标准在司法实践中能够得到落实。

本书第三章的研究思路是要用医疗水平标准对违反诊疗规范情形下的医疗过失进行判定，先要对违反诊疗规范进行定位。在我国，诊疗规范的范畴和违反诊疗规范的判断标准都不够明确，这部分主要通过解释论的方法，对诊疗规范的范畴和违反诊疗规范的判断标准进行定位。接下来，对违反诊疗规范情形的过失推定规则存在的问题进行分析。在违反诊疗规范的后果上，本书从诊疗规范的本质和功能两个层面进行分析，最后得出违反诊疗规范推定有过失的结论。在医疗机构的反证事由上，先确定构建医疗机构反证事由的依据，然后将医疗机构的反证事由进行类型划分，最后确定医疗机构反证事由规则的构建方式。

第四章的研究思路是先对证明障碍进行界定，然后对域外证明障碍情形医疗过失的判定进行探寻，看看其他国家都是通过哪些制度来解决证明障碍的过失判定问题。本书对我国证明障碍情形医疗过失判定规则进行检视，发现其存在两个问题，一个是《民法典》第 1222 条第 2 项、第 3 项规定的法律后果不明确；另一个是病历记载不全时，医疗过失的判定思路不明。最后，针对这些问题提出了相应的解决方案。

（二）研究方法

本书进行分析，主要采用了如下分析方法。

1. 文献分析方法

本书在研究和写作过程中，用大量精力对国内的相关文献进行分析。这些文献主要包括法学和医学两类。这些文献主要来源于学校的图书馆和个人购买的图书。

2. 比较分析方法

我国现行法规定的医疗过失判定规则存在适用上的困境，在对其提出解决措施时，我们不可避免地会考察其他国家和地区相关的理论和实务经验。本书写作过程中，也主张理性借鉴美国、日本的相关理论和立法成果，提出解决我国医疗过失判定的困境的最佳方案。

3. 实证分析方法

本书对医疗过失的判定标准、违反诊疗规范和过失的关系等进行分析时，都结合了司法实践，这种分析方法能够为医疗过失判定的研究提供更加具有针对性的思路和见解。

4. 交叉学科分析法

医疗过失判定规则的研究不仅涉及法学知识，还涉及医学知识，单纯从法学角度对其进行研究是片面的。本书在写作过程中，用了很多精力对相关医学文献进行研读，这为本书形成创新点和进行论证奠定了坚实的基础。

四、本书可能的创新之处

在立法方面，我国现行法中，只有《民法典》规定了医疗水平标准，其他法律中都规定的是诊疗规范、诊疗常规标准。这种立法现状导致医疗水平标准难以落实，为了使医疗水平标准能够真正落实，我国应在其他法律中也规定医疗水平标准。

司法解释规定了衡量医疗水平要考虑地域因素，但对如何考虑地域因素没有作出规定，考虑到各省的医疗水平不平衡，医疗资源的配置、医疗卫生事业的投入和医院的评审都是由各省单独进行的，因此，将地域因素的基准定位在以各省为单位较为合适。

在司法解释规定的衡量医疗水平因素的基础上，再增加两个因素。一个因素是新知识、新技术。增加该因素的目的是防止只规定地域因素所带来的医务人员安于现状的消极后果。另一个因素是医疗行业相关政策的实施状况。近些年来，我国在医疗行业出台了很多的政策，它们对医务人员的医疗水平产生了一定的影响，同区域、同资质的医务人员的医疗水平出现了差异化。这样一来，仅仅考虑医疗机构所处的地域和资质因素就不够科学了。

最后一个创新之处是，本书系统构建了医疗机构的反证事由。在具体构建时，应将医疗机构的反证事由分为最终反证事由和初步反证事由。最终反证事由包括尽到当时的医疗水平和紧急情况尽到合理诊疗义务；初步反证事由包括患者的个体情况、正在应用的诊疗规范已经过时、诊疗规范具有不合理性。

第一章

医疗过失判定的基础理论

《民法典》第 1165 条规定了过错责任原则和过错推定责任原则。根据该条文，行为人有过错且给他人民事权益造成损害的应当承担侵权责任。虽然在侵权法理论上，过错分为故意和过失两种，但有学者指出，现代侵权法是以过失，而非故意为主轴。[1]从我国《民法典》规范的侵权类型看，也是以过失侵权类型居多。对于医疗过错而言，尽管实践中存在医务人员故意造成患者损害的情形，但受医学伦理道德观念的影响，这种情形是少数，绝大多数情况下都是由于医务人员过失而给患者造成损害的，基于此，本书专门对医疗过失进行研究，不再涉及医务人员故意的情形。

从民事责任的角度看，侵权责任和违约责任是民事责任中较为主要的责任形态。虽然医疗服务的合同属性已在学界和司法实践中达成共识，医疗服务合同的违约责任也是以医疗机构有过错为前提，然而，本书对医疗过失判定的研究是建立在侵权责任的基础之上的。

第一节　医疗过失的界定

对医疗过失进行判定之前，须对医疗过失进行界定。无论是域外还是域内，学者们都对医疗过失进行过界定。在域外，学者们对医疗过失的界

---

〔1〕　程啸：《侵权责任法》，法律出版社 2015 年版，第 266 页。

定主要还是沿用过失的界定方法，如日本学者将医疗过失界定为医师在对患者实施诊疗行为时违反业务上的注意义务。[1] 在域内，有的学者从主观角度对医疗过失进行界定，认为医疗过失是医务人员因疏忽没有预见到或虽有预见但轻信能避免的一种主观心理态度。[2] 有的学者则从客观角度对医疗过失进行界定，认为医疗过失是医务人员违反业务上的必要注意义务。[3] 实际上，这些观点也是沿用过失的界定方法对医疗过失进行界定。本书认为，界定医疗过失时，固然不能脱离过失界定的范畴，但也应注意医疗过失与一般过失的不同。接下来，本书从主体要素和行为要素两个层面进行分析。

一、主体要素

在界定医疗过失时，离不开对主体要素的分析。主体要素是指医疗过失具体由何种主体实施。

（一）医疗过失行为主体的学说分歧

学界在医疗过失的主体问题上有三种不同的观点：第一种观点认为，医疗过失的行为主体是医务人员，责任主体是医疗机构。王利明教授、李颖峰博士都主张这种观点。这种观点的理由是医疗行为具有特殊性，只能由自然人来实施，将医疗机构看做是行为主体，则会降低或丧失医疗过失的特殊性。[4] 王利明教授虽然并没有明确指出，医疗过失的行为主体是医务人员，但是他将诊疗活动看作是医务人员的活动，医务人员的过失基于职务行为应认定为医疗机构的过失，可见，在王利明教授看来，医疗过失的行为主体是医务人员。[5] 李颖峰博士的观点较为明确，他明确指出，医疗过

---

[1] 王丽莎：《医疗过失理论研究》，中国政法大学出版社 2014 年版，第 16 页。

[2] 王丽莎：《医疗过失理论研究》，中国政法大学出版社 2014 年版，第 21 页。

[3] 王丽莎：《医疗过失理论研究》，中国政法大学出版社 2014 年版，第 15~21 页。

[4] 马辉：《基本医疗背景下医疗损害责任研究》，中国人民大学出版社 2018 年版，第 17 页；李颖峰：《医事刑法视域中的医疗过失研究》，法律出版社 2020 年版，第 17 页。

[5] 王利明：《侵权责任法研究（下卷）》，中国人民大学出版社 2011 年版，第 389~390 页。

失的主体是医务人员。第二种观点认为，医疗过失的行为主体是医疗机构和医务人员。这种观点为张新宝教授、程啸教授和杨立新教授等学者主张。张新宝教授明确指出，医疗机构和医务人员都是医疗损害责任的行为主体。[1]程啸教授虽未明确提出医疗机构和医务人员是医疗过失的行为主体，不过他将两者都列为加害人，由于加害行为属于侵权责任的行为要件，可见，程啸教授也将这两者列为医疗过失的行为主体。杨立新教授针对学界对医疗过失行为主体的分歧，明确指出医疗机构和医务人员都是行为主体，前者是组织者，后者是具体的实施者。这种观点的形成主要基于两个方面的原因：一方面是对《民法典》第1218条解释的结果。该条明确指出了医疗机构的过失和医务人员的过失。另一方面是由于近些年来，我国部分学者逐渐认识到医疗机构的过错不等同于医务人员的过错，医疗机构应对其自身过错行为负责。[2]第三种观点认为，医疗过失的行为主体是自然人，不限于医务人员。实践中很多医疗行为（如心肺复苏和外伤处置）都是由志愿者和消防人员等人实施的。[3]

（二）医疗过失行为主体的厘定

1. 医疗过失的行为主体是医务人员

本书认为，医疗过失的行为主体是医务人员，医疗机构不是医疗过失的行为主体。具体理由如下：

第一，医疗行为具有特殊性，未接受过专业教育和培训的人难以胜任。整个医疗行为的过程都要依赖医务人员去实施。虽然医疗机构是一个紧密相连的系统，且越来越呈现巨型化的趋势，但医疗行为最终都要落实到医务人员身上，正因为如此，医疗过失责任也属于专家责任的范畴。[4]虽然，在实践中确实存在消防员、志愿者或其他接受过培训的人员实施一

---

[1] 张新宝：《侵权责任法》，中国人民大学出版社2020年版，第198页。

[2] 陈聪富：《医疗责任的形成与展开》，台大出版中心2020年版，第459页。

[3] 马辉：《基本医疗背景下医疗损害责任研究》，中国人民大学出版社2018年版，第18页。

[4] 张新宝：《侵权责任法》，中国人民大学出版社2020年版，第190~191页。

定的医疗行为，但这种情形在整个医疗活动中占据的比重非常低，因此医疗过失是医务人员的过失。我国现行法可以说明这一点：《医疗事故处理办法》中，无论是责任事故还是技术事故，主体均落脚在医务人员上，其中前者是由医务人员的失职行为造成的，后者是由医务人员的技术过失造成的。《事故条例》第31条第2款中规定，判定医疗事故的依据之一是医务人员的医疗行为是否有问题，而医疗行为的实施主体是医务人员。2009年《侵权责任法》第57条和《民法典》第1121条规定的都是如何判定医疗过失，针对的都是医务人员的医疗行为。

第二，医疗过失具有多层次性。在外部层面，患者面对的始终都是医务人员，发生纠纷时，患者指责的也都是医务人员存在的问题，实际上构成医疗过失的也确实是因为医务人员存在一定的问题。在医疗机构的内部，医疗机构与医务人员面对的则是该医疗过失形成的原因，到底是哪一方的原因造成的还是两者兼而有之？在实践中，既存在医务人员没有过失，医疗机构有过失的情况，如医疗机构人力不足，医务人员超负荷工作造成的医疗过失。实践中也存在医疗机构没有过失，医务人员有过失的情形，如医疗机构尽到全部职责，医务人员不积极提高自身水平的情形。实践中还存在两者兼而有之的情形。《民法典》第1218条将医疗机构的过失和医务人员的过失并列规定的规范目的，一方面是在医疗机构内部厘清造成医疗过失的原因，从根源上减少这类纠纷的发生；另一方面是避免医疗机构将其已经承担的责任不合理地追偿于无过失的医务人员身上。尽管从实证法的角度看，医疗机构承担责任后能否向医务人员追偿是一个有争议的问题。2009年《侵权责任法》第34条并没有规定单位对其工作人员的追偿权，个中缘由并不是立法部门要否定单位对其工作人员的追偿权，而是考虑到这个问题较为复杂，不宜贸然作出规定。[1]虽然《民法典》第

----

〔1〕 孟强：《民法典侵权责任编释论：条文缕析、法条关联与案例评议》，中国法制出版社2020年版，第251页。

1191 条规定了单位承担责任后可以向其工作人员追偿，但该规定能否适用于医疗机构与医务人员的关系仍然是存有疑问的。当然从实践来看，医疗机构承担责任后往往都会向有过错的医务人员追偿，《民法典》第 1218 条有利于厘清医疗机构的过失和医务人员的过失，减少医疗机构承担责任后武断地向医务人员追偿。从反面观之，如果《民法典》第 1218 条区分医疗机构的过失与医务人员的过失的做法针对的是患者，患者维权时需要将两者区分开，则不利于患者维护合法权益，甚至是阻断了患者正当权利的行使，因为医疗机构运作系统较为复杂，患者很难通过证据证明到底是哪一方的责任。

2. 医疗机构是医疗过失的责任主体

虽然医疗过失最终都体现在医务人员的过失上，但就其深层次原因来说，有可能是医务人员自身有问题，也有可能是医疗机构的管理本身存在一定的问题，但无论是何种原因，最终承担责任的都是医疗机构。至于医疗机构承担责任的根据，我国学者通常的解释路径是医务人员执行工作任务给患者造成的损害应由医疗机构承担责任，[1]实际上这种解释路径都是按照医疗过失是医务人员的过失的逻辑来展开的，没有涉及造成医务人员过失的根源的问题。

3. 医务人员的范畴

受医疗过失行为主体存在学说分歧的影响，学者们对医务人员的认识也有所不同。程啸教授认为，医务人员包括取得相应资格的各级各类卫生技术人员以及从事医疗管理和后勤服务等人员。[2]杨立新教授则将医务人员界定为医师和其他医务人员。[3]本书认为，在将医疗过失的行为主体定位为医务人员而不是医疗机构时，医务人员的范畴应仅限于医师和其他医务人员。在这个界定中，将医师独立出来的缘由是医师是主导医疗行为的

---

〔1〕　程啸：《侵权责任法教程》，中国人民大学出版社 2020 年版，第 297 页。

〔2〕　程啸：《侵权责任法教程》，中国人民大学出版社 2020 年版，第 289 页。

〔3〕　杨立新：《侵权责任法》，法律出版社 2018 年版，第 255 页。

人，其他医务人员包括护士、检验人员、麻醉人员和理疗师等。

二、行为要素

医疗过失是医务人员在实施医疗行为中发生的过失，因此，医疗过失的行为要素体现在对医疗行为范畴的理解上。

（一）医疗行为范畴的学说梳理

自 2009 年《侵权责任法》颁布以来，我国民事基本法层面使用的是"诊疗活动"一词，因此学者们常常将医疗过失解释为诊疗活动中存在的过失，如王利明教授认为，过错是指医疗机构及其医务人员在诊疗活动中未尽到诊疗义务而应当受到谴责的心理状态。[1]程啸教授认为，狭义的医疗损害责任仅指医疗机构或医务人员在诊疗活动中因过失侵害患者的生命权、身体权或健康权，依法应当承担的侵权责任。[2]

也有学者认为对医疗行为的解释局限于诊疗活动过于狭窄，应对其范畴进行扩张。具体又体现在如下方面：第一种观点认为将医疗纠纷限定于诊疗活动中的纠纷过于狭窄，医疗行为必须是由诊疗活动直接引发的，通常与生命权、身体权和健康权有关，有较强专业性的纠纷。《医疗机构管理条例实施细则》（以下简称《实施细则》）第 88 条对"诊疗活动"的界定过于狭窄，这种观点认为还应包括医疗美容活动、医疗管理人员和医疗后勤人员提供的管理服务等。[3]第二种观点认为，对实施医疗行为的目的进行扩张，不应限于疾病的诊断和治疗的目的，还包括社会其他目的，如美容、性别调整和单纯基于医学进步而实施的医学实验行为。[4]第三种观点认为，应从广义角度认识医疗行为。医疗行为是指在疾病的预防、诊

---

〔1〕 王利明：《侵权责任法研究（下卷）》，中国人民大学出版社 2011 年版，第 389 页。

〔2〕 程啸：《侵权责任法教程》，中国人民大学出版社 2020 年版，第 286 页。

〔3〕 申卫星主编：《医疗纠纷预防和处理条例条文释义与法律适用》，中国法制出版社 2018 年版，第 15 页。

〔4〕 王丽莎：《医疗过失理论研究》，中国政法大学出版社 2014 年版，第 36 页。

断、治疗、护理以及对身体的矫治过程中，医务人员以其专业的医学知识和医学技术对人体产生有益影响的行为。[1]依照这种观点，医疗行为应包括诊疗行为、实验性医疗行为、部分非以诊疗为目的的医疗行为、防疫预防性医疗行为和计划生育的医疗行为。[2]本书认为，第二种观点和第三种观点的表述不同，但实际上这两种观点对医疗行为的定义是相同的。第一种观点和后两种观点是不同的，第一种观点将医疗行为定义在诊疗层面，并没有扩展到卫生、计划生育和防疫等方面。

从其他国家的情况看，有些国家对医疗行为的认识也并未局限于疾病的诊断和治疗方面，如在韩国大法院1972年的一个判决中将美容整形手术排除于医疗行为之外，但韩国大法院1974年的另一个判决却将美容整形手术解释为医疗行为。[3]日本通说认为，医疗行为指若欠缺医师的医学判断及其技术，则对人体会有危害的行为。[4]可以认为，在日本，医疗行为的范畴是宽泛的，既包括狭义的诊疗行为，又包括疾病的预防和医疗实验行为。

医疗行为的概念变迁不是偶然的，它和社会观念的变迁有直接关系。这种社会观念的变迁至少可以从两个层面理解：一是对疾病预防观念的重新重视。20世纪70年代以后，临床医学的发展遭遇困境，临床医学对人类健康的作用受到质疑，人们开始对"重治轻防"的现象进行反思。疾病预防的观念得到重新重视。预防接种和健康体检日益受到青睐，而这些行为也要依靠医学知识和技术，因此它们逐渐被解释为医疗行为。二是社会观念逐渐开放，随着科学技术的不断发展，人们的社会观念正在发生变化，陈规旧俗逐渐被打破，新的社会观念逐渐形成。在这种新旧观念的变迁中，整形美容手术等逐渐被人们接纳，而这些行为都要运用医学知识和技术才能实施，因此它们逐渐被解释为医疗行为。

---

[1] 古津贤、强美英主编：《医事法学》，北京大学出版社2011年版，第95页。
[2] 古津贤、强美英主编：《医事法学》，北京大学出版社2011年版，第102~103页。
[3] 王丽莎：《医疗过失理论研究》，中国政法大学出版社2014年版，第36页。
[4] 古津贤、强美英主编：《医事法学》，北京大学出版社2011年版，第98页。

（二）医疗行为范畴的立法梳理

《医疗纠纷预防和处理条例》（以下简称《预防和处理条例》）第2条将医疗纠纷定义为："医患双方因诊疗活动引发的争议"，该法虽没有对医疗行为直接进行定义，但通过该规定，可以看出医疗行为是发生在诊疗活动中的行为。《基本医疗卫生与健康促进法》第30条第1款规定，"国家推进基本医疗服务实行分级诊疗制度，引导非急诊患者首先到基层医疗卫生机构就诊，实行首诊负责制和转诊审核责任制，逐步建立基层首诊、双向转诊、急慢分治、上下联动的机制，并与基本医疗保险制度相衔接"，该法没有对医疗行为进行定义，但从第30条第1款所使用的"患者""就诊"等用语来看，医疗行为还是指与诊疗活动有关的行为。《民法典》第1218条规定，"患者在诊疗活动中受到损害，医疗机构或者其医务人员有过错的，由医疗机构承担赔偿责任"，该法没有对"医疗行为"进行定义，但由于该条文使用了"诊疗活动"一词，因此，医疗行为应该是与诊疗活动有关的行为。

不难看出，学理上对医疗行为的界定和我国现行法的规定是不一致的。我国现行法对医疗行为的界定都是以诊疗活动为前提的。

（三）医疗行为范畴的界定

本书认为，在我国现行法规定的基础上界定的医疗行为过于狭窄，应进行扩张。具体理由如下：其一，这种立法现状不利于维护患者的合法权益。我国《民法典》没有规定医疗服务合同，患者和医疗机构发生医疗纠纷后，往往会通过侵权责任的途径维护其合法权益。如果将医疗行为仅仅局限于诊疗活动，就会使部分非以诊疗为目的的医疗行为给患者造成的损害时，法律适用方面存在一定的困难，不利于维护患者的合法权益。其二，这种立法现状未回应我国司法实践的现实状况。在司法实践中，许多非以诊疗为目的的医疗行为给患者造成损害的案件，都选择了侵权责任的途径来维权。具体来说，医疗美容引发的纠纷案件中，绝大部分案件的案由是医疗服务合同纠纷，但也有少数案件的案由是医疗损害责任纠纷。[1]在注射疫苗引发的纠纷案件中，很多案件的案由是医疗损害责任纠纷。[2]我国司法实践的现实状况也表明对医疗行为的界定不能局限于诊疗活动中。

基于此，本书认为，医疗行为的范畴应包括以诊疗为目的的医疗行为和非以诊疗为目的的医疗行为。不过在界定医疗行为的范畴时，应主要掌握以下三点：第一，该纠纷须是由医疗行为直接引发。通常而言，间接引发的纠纷都不属于医疗行为的范畴，如患者对医疗行为的费用质疑，进而引起的纠纷就属于间接引发的纠纷。此处还需要探讨的是医务人员提供咨询和建议的行为是否属于医疗行为的范畴问题。学界对此有不同的观点：有学者认为，应视患者的不同情况作出不同回答，如果发生在医务人员与"老患者"之间，则应视为医疗行为，反之则不是医疗行为。[3]有学者则认为，根据咨询和建议的对象和具体的内容确定，如果只是一般性的建议，则不应属于医疗行为，如有具体的对象，同时又针对具体的疾病则应属于医疗行为。[4]本书赞同后一种观点，是否是"老患者"不重要，主要看是否有具体行为的产生，如果医务人员针对具体对象的具体疾病给出建议，则应属于医疗行为。第二，须体现医疗的专业性。无论是哪一种行为都应具备专业性，才属于医疗行为的范畴。这种专业性不能绝对地理解为只有医务人员才能实施，其他人没有能力实施的情形，如血压测量几乎是人人都已经掌握的技能，但不能因其技术含量低就将其排除出医疗行为的范畴。[5]再如，供电部门检修线路停电未通知医疗机构，医疗机构又未安装双回路电路，最终导致医疗机构停电和患者死亡的案件中，由于未体现

---

〔1〕　广东省广州市中级人民法院（2020）粤 01 民终 19299 号民事判决书。

〔2〕　福建省三明市中级人民法院（2020）闽 04 民终 1215 号民事判决书；山东省济南市中级人民法院（2020）鲁 01 民终 4368 号民事判决书。

〔3〕　马辉：《基本医疗背景下医疗损害责任研究》，中国人民大学出版社 2018 年版，第 19 页。

〔4〕　于佳佳："非法行医语境下医疗行为的目的解释"，载《兰州学刊》2017 年第 8 期。

〔5〕　于佳佳："非法行医语境下医疗行为的目的解释"，载《兰州学刊》2017 年第 8 期。

医疗的专业性，因此不应属于医疗行为的范畴。第三，侵害的须是患者的生命权、健康权和身体权。如果侵害的是其他权利，则不应属于医疗行为的范畴。如侵害患者隐私权的行为，就不属于医疗行为的范畴。

综上所述，本书将医疗过失界定为基于医疗机构或医务人员自身的原因，医务人员在实施医疗行为时所体现出来的过失。

第二节　医疗过失判定的对象

对医疗过失的判定进行研究，不可避免地涉及判定对象的问题。医疗行为是医疗过失的判定对象，学界对医疗行为的分析仅仅从范畴角度进行是不够的。本书认为还需要对医疗行为的发展规律进行分析，这样才能对医疗过失作出正确的判定。医疗行为的发展规律可以从医疗行为的性质和发展脉络两个层面进行考察。

一、我国医疗行为的特征

由于医疗行为的公益性和伦理性已被学者们多有论述，本书不再赘述。本书认为，医疗行为还具有以下特征。

（一）医疗行为具有一定的危险性和侵袭性

医疗行为具有危险性，一方面，人类对疾病的发病机制的认识有限，有许多危险不为人类所知悉。另一方面，人类不得不用危险程度低的医疗行为去治疗疾病，从而获得避免更大的危险的发生的治疗效果。对已知危险的发生概率，医务人员可以通过数据给出判断，对于未知危险，人类只能在探索中不断发现。

医疗行为具有一定的侵袭性，这在医学界已经达成共识，如打针给患者带来的疼痛或手术后患者身体机能的下降等，都是侵袭性的体现。医疗行为的侵袭性往往能被患者所感知。

（二）医疗行为具有不确定性

医学既不完全属于自然科学，又不完全属于社会科学，医学是一个综合的学科群。[1]医学是建立在自然科学基础上的，但它又和其他自然科学学科有一定的区别，即医学具有不确定性。产生这种不确定性的原因是人类对疾病的认识还存在大量的未知领域，人类只能在不断探索中深化对疾病规律的认识。医学的这种不确定性体现在医疗行为的过程和结果都具有不确定性，这种不确定性决定了不能以医务人员对患者的治疗结果的好坏来衡量医务人员的过失与否。

无论是哪种医疗行为都具有不确定性。对以诊疗为目的的医疗行为的不确定性应无异议，对于非以诊疗为目的的医疗行为，虽然有些情况下，应保证某种特定的诊疗效果，具有一定的确定性，但学界通常认为，这种医疗行为还是具有不确定性，无法保证某种特定的诊疗效果。[2]

（三）医疗行为具有裁量性

病因的复杂性和患者的个体差异，决定了无法完全按照统一的标准进行诊疗，因此医疗行为具有一定的裁量性。当然，裁量权应受到一定的限制，若对裁量权不加以限制，就会造成患者权益受到侵害的后果，因此，很多国家和地区都对医务人员的裁量权进行一定的限制。对裁量权限制的难题在于合理范围的划定，即在何种范围内行使裁量权是合理的。本书认为，由于各个国家和地区的社会发展阶段、医疗法律的制定和运行状况以及医学教育的现状等因素均有所不同，因此，难以确定统一的裁量权的合理界限。

二、我国医疗行为发展的脉络

医疗行为的性质与医疗行为的发展脉络既有相同之处又有不同之处。

---

〔1〕　郑建中主编：《临床医学导论》，中国医药科技出版社 2016 年版，第 2 页。

〔2〕　王利明：《合同法研究》（第四卷），中国人民大学出版社 2013 年版，第 673 页。

两者的相同之处，体现在以下两点：其一，两者都是在透视医疗行为，观察医疗行为的内在规律；其二，对两者的分析都有助于对医疗过失进行正确判定。两者的不同之处在于，医疗行为的性质是将医疗行为与其他行为进行比较，找出医疗行为的特性。[1]而医疗行为的发展脉络是从医疗行为自身的演进对医疗行为进行分析。

（一）我国医疗行为发展脉络的立法审视

通过对《事故条例》实施以来所颁布的规范医疗行为的法律进行分析，可以发现，我国医疗行为呈现以下两种发展脉络。

1. 从经验模式向循证模式的转变

（1）立法背景分析。

医疗行为发展脉络的立法是基于医学理论的不断发展进行的。在医学理论上，我国医疗行为的运行模式是从经验模式向循证模式的转变。[2]

医疗行为的经验模式具有以下特点：第一，在证据来源上，临床实践经验模式也讲求证据，要求临床医师作出临床决策必须有证据的支持。证据主要来自医师自己积累的临床经验、上级医师传授的临床经验。第二，医疗决策科学化程度低。在临床实践经验模式中，医师凭借临床经验作出临床决策。由于临床经验往往是对局部小样本进行分析形成的，可靠性较差，因此作出的临床决策的科学化程度也就很低。有研究表明，在临床日常诊疗实践中，有1/4至1/3的医疗措施存在滥用。[3]第三，医疗水平差异较大。在临床实践经验模式下，临床医师相互之间缺乏共识性的诊疗规范的指引，仅凭临床经验治疗疾病，受所处的地域环境、接受教育的程度和方式等因素的影响，他们之间的医疗水平差异较大。

医疗行为的循证模式主要是指医师针对个体患者，运用最佳证据并结合患者的意愿和医疗环境所形成的一种临床实践模式。证据是医疗行为循

---

〔1〕 黄丁全：《医事法新论》，法律出版社 2013 年版，第 32 页。

〔2〕 刘续宝、孙业桓主编：《临床流行病学与循证医学》，人民卫生出版社 2018 年版，第 1 页。

〔3〕 王家良主编：《循证医学》，人民卫生出版社 2016 年版，第 58 页。

证模式的核心。医师们在发现了经验医学的各种弊端后，逐渐开始接受循证医学的理念，逐渐开始有意识地根据临床最佳证据实施医疗行为。医疗行为的循证模式具有以下特征：第一，临床决策科学化程度高。在临床实践循证模式中，临床医师针对临床中遇到的问题，通过检索和评价证据，将最佳证据应用于临床实践。同时，我国采用循证方式制定的诊疗规范的数量逐渐增加，诊疗规范的质量在不断提升，[1]诊疗规范的推荐意见更加合理。这两个因素推动了我国临床医师临床决策的科学化。第二，提升医疗水平。由于采用医疗行为循证模式后，医疗决策的科学化程度提升，因此医疗水平也会不断地提高。第三，在医务人员和患者的关系上，要求医务人员在从事医疗行为时，应融入患者为中心的价值观念，考虑患者的个人意愿。

　　循证模式的产生是一个渐进的过程，它是基于以下背景产生的：第一，人类的疾病谱发生了变化。随着社会的不断发展，人类的疾病谱也在发生变化。最初，疾病（如传染病）的发病原因较为简单，治疗手段也较为单一，后来，疾病的发病原因开始复杂化，如高血压、动脉粥样硬化等都有多重的发病原因，这些疾病的诊断和治疗过程也变得复杂，如一个人同时患有高血压和高胆固醇血症，临床医师在为其治疗高血压疾病的同时，还应对高胆固醇血症进行干预。第二，医疗理念发生改变。早期的医疗理念是以疾病为中心。20世纪末以来，世界各国的医疗理念向患者为中心转变。我国《预防和处理条例》第9条第1款也规定了诊疗活动应以患者为中心。第三，知识更新的速度加快，获取可靠研究成果的难度增加。从临床实践中，人们逐渐发现医学知识更新的速度快，每隔几年，就会有很多的医学知识过时。第四，医疗费用的负担过重。世界各国都面临着医疗保险费用负担过重的问题，如何在提高人们健康水平的前提下减少医疗保险费用的支出是世界各国的目标。世界各国开始探寻临床最佳证据的程

---

〔1〕 陈耀龙等："中国临床实践指南的发展与变革"，载《中国循证医学杂志》2018年第8期。

序和方法，来促使临床医疗行为的规范化、科学化，从而减少医疗费用的支出。第五，相关学科的发展。循证医学的产生离不开相关基础学科的支持。与循证医学相关的基础学科主要包括临床流行病学、医学信息学、临床经济学等。

（2）法律文本的阐释。

"经验"和"循证"一词的使用主要体现在两个层面：一个是在医疗行为的实施层面，医务人员是用经验的方法还是用循证的方法对患者实施医疗行为；另一个是在诊疗规范的制定层面，诊疗规范是运用专家个人经验还是用循证的方法制定的。由于法律文本的容量有限，立法时只能对医疗行为的实施和诊疗规范的制定作出粗线条规制，因此，我国法律文本中并未出现"经验"和"循证"的表述。不过，通过对我国现行法律规范进行分析，我们仍然可以发现，我国现行法从医疗行为经验模式向循证模式转变的立法逻辑。

第一，《事故条例》第5条、《预防和处理条例》第9条第1款和《基本医疗卫生与健康促进法》第43条第2款、第54条第1款都规定了医疗机构及医务人员应遵守诊疗规范。根据这些规定，当医务人员个人经验与诊疗规范相冲突时，应选择遵守诊疗规范，而不是医务人员的个人经验。我国近些年制定的诊疗规范中，采用循证方法制定的诊疗规范逐渐增多，未采用循证方法制定的诊疗规范，多数也是基于临床证据而不是仅仅依靠专家的个人经验形成的。[1]《基本医疗卫生与健康促进法》第54条第1款前半句规定，医务人员应当遵循医学科学规律，而根据临床证据从事医疗行为正是目前医学科学发展的规律之一。《基本医疗卫生与健康促进法》第43条第1款后半句规定，医疗机构应当建立健全内部质量管理和控制制度。这种内部质量管理和控制制度的种类较多，其中临床路径管理制度和医疗质量控制制度是最为重要的两项制度。我国自2018年开始在公立医院

---

[1] 唐金陵、Paul Glasziou 主编：《循证医学基础》，北京大学医学出版社2010年版，第88页。

推动实施临床路径管理制度。截至 2017 年第一季度，全国近 7000 家公立医院中，开展临床路径管理工作的公立医院占全国公立医院的 88.5%，[1]而临床路径就是一种标准化的诊疗流程，是在循证医学的基础上制定的。[2]自 2009 年开始，我国陆续建立国家或地方的医疗质量控制中心，协助各地医疗机构进行医疗质量控制。在进行医疗质量控制的过程中，离不开质控指标体系，而根据《医疗质量控制中心管理办法（试行）》第 6 条的规定，这个指标体系是根据诊疗规范制定的。

第二，我国原卫生部曾于 2005 年和 2009 年先后发布两个有关治疗方法的通知。在第一个通知中，原卫生部认为，"血液疗法"中的大部分疗法缺少科学研究和循证医学证据，有可能会对人体造成损害，[3]应一律停止临床应用。在第二个通知中，原卫生部认为，关于电休克疗法国内外并无相关临床研究和缺乏循证医学证据，暂不宜应用于临床。[4]这两个通知中提到的这两种治疗方法都缺乏循证医学证据，用这两种治疗方法进行治疗属于医疗行为经验模式，卫生部叫停这两种治疗方法在临床中的应用是对医疗行为经验模式的否定。

通过对这些条文和原卫生部的两则通知进行分析，不难发现，我国已经在现行法层面确认医疗行为要从经验模式向循证模式转变的事实。

2. 推动医疗行为的规范化和同质化

医疗行为的第二个发展脉络是积极推动医疗行为的规范化和同质化。有学者将这种发展脉络称为医疗行为的规范化和标准化，[5]本书认为，"标

---

〔1〕 "对十三届全国人大二次会议第 5021 号建议的答复"，载 http://www.nhc.gov.cn/wjw/jiany/202007/a37908da11174875ac46b4fecda964da.shtml。

〔2〕 张鹭鹭、王羽主编：《医院管理学》，人民卫生出版社 2014 年版，第 254 页。

〔3〕 "卫生部要求加强对'血液疗法'管理"，载 http://www.nhc.gov.cn/wjw/zcjd/201304/de20aa47b72a4bb3ac453cd5a2d8f15a.shtml。

〔4〕 "卫生部办公厅关于停止电刺激（或电休克）治疗'网瘾'技术临床应用的通知"，载 http://www.nhc.gov.cn/cms-search/xxgk/getManuscriptXxgk.htm? id=41730。

〔5〕 申卫星主编：《医疗纠纷预防和处理条例条文释义与法律适用》，中国法制出版社 2018 年版，第 66 页。

准化"一词应用于医疗行为并不合适,具体理由如下:其一,"标准"这个词往往用于工业领域,要求非常高,刚性非常强,不适合医疗行为。其二,从国家卫健委发布的涉及医疗行为的法律和文件看,通常使用的表述是同质化,而不是标准化。《医疗质量管理办法》是国家卫健委制定的部门规章,国家卫健委对该部法律解读时明确指出,要提高不同地区、不同层级、不同类别医疗机构间医疗服务的同质化程度。[1]国家卫健委每年都会制定或修订很多的诊疗规范,他们明确指出,这样做的目的是实现医疗行为的规范化和同质化。[2]

医疗行为的规范化与同质化既有相同点又有不同点。相同之处在于,医疗行为的规范化是实现医疗行为同质化的前提,没有医疗行为的规范化,就无法实现医疗行为的同质化;不同之处在于,医疗行为的规范化,既可以指个体的医疗机构或医务人员,也可以指我国医疗行业的整体,而医疗行为的同质化则仅仅是指国家或一个地区的医疗行为的整体状况。

(1)立法背景的梳理。

医疗行为的规范化与同质化是在对医疗行为的不断探索中形成的。

第一,医疗行为的规范化与同质化与医疗质量管理密不可分。医疗质量管理最早由美国学者 Avedis Donabedian 教授于 20 世纪 60 年代提出,他认为医疗服务质量应该是用最小的危险和最小的成本使患者获得最适当的健康状态。[3]自 20 世纪 80 年代后期,医疗质量管理越来越受到人们的重视,医疗质量管理方式也在不断地探索。随着现代科学技术的发展和人们对医疗行为本质认识的不断深化,医疗质量管理的方式和理念也在发生变革。传统的医疗质量管理方式落后,医疗行为的差异化是临床实践的常

---

〔1〕 "《医疗质量管理办法》解读",载 http://www.nhc.gov.cn/yzygj/s3586/201610/8e7ef364c1a84f33a7e40291eaf70a3f.shtml。

〔2〕 "对十三届全国人大二次会议第 6246 号建议的答复",载 http://www.nhc.gov.cn/wjw/jiany/202007/245846090b2640f3a5875318c9437be9.shtml。

〔3〕 张鹭鹭、王羽主编:《医院管理学》,人民卫生出版社 2014 年版,第 217 页。

态，医务人员的医疗行为缺乏规范依据，随意性较大。近些年来，有些国家不断通过制定和更新临床实践指南、推行临床路径、住院医师规范化培训等措施，来推动医疗行为的规范化和同质化，如在美国，每年都会制定或更新临床实践指南，指导临床实践活动，促进医疗行为的规范化和同质化。[1]同时，从 20 世纪 30 年代中期开始，美国就推行临床路径管理制度，[2]虽然当时推行该项制度的目的是遏制医疗费用的持续上涨，但该制度的实施不仅降低了医疗费用的支出，也促进了医疗行为的规范化。英国有关部门也会经常制定或更新临床实践指南，推动医疗行为的规范化。[3]此外，英国还对全科医师通过严格规范化培训和继续教育、严密的监管等措施，推动医疗行为的规范化和同质化。[4]这些政策的实施会产生一定的效果，现如今，美国已经实现了医疗行为的规范化和同质化。[5]我国自 20 世纪 80 年代开始，也逐渐重视医疗质量管理，积极探索医疗质量管理的方式。[6]我国已经颁布的法律基本都涉及了医疗质量的管理，实践中取得了较好的效果。

第二，维护患者合法权益是我国医疗卫生事业追求的目标。医疗行为的规范化和同质化不仅可以减少患者医疗费用的支出，而且还能保障患者享受高水平的、均等的医疗服务。如果医疗行为未实现这种发展状况，则会使医疗水平发达地区的患者能享受到高水平的医疗服务，医疗

〔1〕 高炜主编：《冠心病规范化防治——从指南到实践》，北京大学医学出版社 2017 年版，序；雷寒主编：《高血压规范化防治——从指南到实践》，北京大学医学出版社 2017 年版，第 1 页。

〔2〕 张鹭鹭、王羽主编：《医院管理学》，人民卫生出版社 2014 年版，第 253 页。

〔3〕 袁涛等："康复临床实践指南：发展现状研究"，载《中国康复理论与实践》2020 年第 2 期；隋宾艳、齐雪然："英国 NICE 卫生技术评估研究决策转化机制及对我国的启示"，载《中国卫生政策研究》2015 年第 7 期。

〔4〕 雷李美、蓝翔："赴英国皇家全科医师学会全科医学培训的启示"，载《中华全科医学》2016 年第 4 期。

〔5〕 黄丁全：《医事法新论》，法律出版社 2013 年版，第 310 页；田穗荣：《我在美国当医生》，科学普及出版社 2016 年版，第 65 页。

〔6〕 申卫星主编：《医疗纠纷预防和处理条例条文释义与法律适用》，中国法制出版社 2018 年版，第 24 页。

水平不发达地区的患者难以享受到高水平的医疗服务。这样一来，不但无法让广大人民群众体会到医疗资源配置的公平，而且还不利于他们疾病的康复。

（2）法律文本的阐释。

我国从 20 世纪 90 年代开始，制定了很多法律来解决医疗行为的规范化和同质化的问题。具体可以分成以下几个阶段进行分析。

第一阶段：2009 年《侵权责任法》颁布之前。

《事故条例》颁布之前，我国逐渐开始要求推动医疗行为的规范化和同质化。这段时期制定的法律主要有《医疗机构管理条例》《实施细则》和《执业医师法》（已失效）等。在推动医疗行为的规范化和同质化方面，这段时期的法律主要规定三项内容：第一，规定了医务机构（医务人员）在从事医疗行为中要遵守诊疗规范，具体条文是《医疗机构管理条例》第 24 条和《执业医师法》第 21 条。第二，落实医疗机构的责任。《实施细则》第 55 条规定："医疗机构应当按照卫生计生行政部门的有关规定、标准加强医疗质量管理，实施医疗质量保证方案，确保医疗安全和服务质量，不断提高服务水平。"第三，通过对医疗机构实行评审制度来实现医疗行为的规范化与同质化。根据《医疗机构管理条例》第 40 条，我国对医疗机构实行评审制度。国家卫生行政部门负责制定评审办法和标准，具体评审工作由地方卫生行政部门组织实施。

《事故条例》颁布之后，我国陆续制定了《护士条例》《乡村医生从业管理条例》和 2009 年《侵权责任法》等多部法律。在医疗行为的规范化和同质化方面，这个阶段颁布的法律具有如下特点：第一，目标更加明确。《事故条例》颁布后，立法部门在该法律释义中明确指出要实行医疗行为的标准化、规范化。[1]第二，法律规范更加细化。这一阶段的法律除

––––––––––––––––

〔1〕《医疗事故处理条例》起草小组编写：《医疗事故处理条例释义》，中国法制出版社 2002 年版，第 18 页。

了统一要求医疗机构（医务人员）在从事医疗行为时遵守诊疗规范，还在单行法层面对医疗行为进行更为细致的规范。第三，强化有关部门的医疗质量监督。这个阶段的法律与之前的法律相比，在监督的主体上进行细化，要设置专门的医疗质量监控部门或人员对医疗质量进行监督。第四，强化有关部门的责任。这一阶段颁布的法律强化了发生医疗事故的医疗机构和医务人员的责任和医疗机构未设置专门的医疗质量监控部门或人员的责任。第五，继续落实《医疗机构管理条例》第 40 条规定的医疗机构评审制度，不过评审仍然是以结构层面的评审为主。[1]

有学者指出，这段时期颁布的法律存在的问题是医疗质量管理的责任多囿于医院层面和过度强调终末管理而弱化了环节管理的监督。[2]本书赞同这种观点，这段时期，推动医疗行为规范化和同质化的责任主要配置给了医疗机构，给卫生行政部门配置的责任很少且不够清晰。同时，不注重对医疗质量过程的管理，规范化和同质化达到的程度必然不高。

第二阶段：2009 年《侵权责任法》至《医疗质量管理办法》时期。

2009 年《侵权责任法》至《医疗质量管理办法》时期，是我国推动医疗行为规范化和同质化的重要阶段，这个阶段我国不仅制定了很多的单行法，还制定了专门规范医疗质量管理的《医疗质量管理办法》。与之前颁布的单行法一样，这些单行法同样要求从事医疗行为时要遵守诊疗规范。鉴于《医疗质量管理办法》在推动医疗行为的规范化和同质化方面发挥着重要作用，本书对其进行详细分析。这部法律具有如下特点：第一，该法注重运用体系化的方式，推动医疗行为的规范化与同质化。《医疗质量管理办法》共有 48 个条文，其中绝大部分条文都旨在推动医疗行为的规范化和同质化。这些条文分别从国家卫生行政主管部门、地方卫生行政部门，各级医疗质量控制组织和医疗机构层面体系性地规定相应主体的职责

---

〔1〕　申卫星主编：《医疗纠纷预防和处理条例条文释义与法律适用》，中国法制出版社 2018 年版，第 25 页。

〔2〕　陈阳等："《医疗质量管理办法》的亮点与局限"，载《中国医院管理》2017 年第 2 期。

和责任。在国家卫生行政主管部门层面，明确国家卫生行政部门负责制定诊疗规范，建立医疗质量控制体系，并完善其制度和工作机制。在地方卫生行政主管部门层面，具体规定了对医疗机构的三种监督形式，即通过质控组织进行医疗质量控制、对医疗质量管理状况进行检查和对医疗质量管理进行第三方评估。在各级医疗质量控制组织层面，确定了国家级质控组织和地方各级质控组织的职责。事实上，自 2009 年开始，我国各级医疗质量控制组织就已经对医疗质量控制开展工作，并且发布了很多专业的医疗质量控制指标，该法第 8 条首次在立法上对这些质控组织的工作职责进行确认。[1] 在医疗机构层面，不但完善了责任主体，除重申医疗机构的主要负责人是该机构的责任主体外，还规定临床和业务科室的负责人是所在科室的责任主体，而且还对医疗质量管理部门的规定进行细化。《事故条例》第 7 条规定，要设立医质监控部门，监督医疗服务的质量，《医疗质量管理办法》第 10 条和第 12 条规定，二级以上的医疗机构要在医疗机构和下设的科室分别设立医疗质量管理部门。第 11 条和第 12 条还对医疗质量管理部门的监督内容作出明确规定。第二，该法规定了医疗质量管理的评估主体。《医疗质量管理办法》第 38 条规定了医疗质量管理的评估制度。由第三方作为评估主体，对医疗机构医疗质量状况进行评估。第三，该法继续要求医疗机构（医务人员）遵守诊疗规范。在内容上与《事故条例》相同，都是要求"严格遵守"诊疗规范。

第三阶段：《预防和处理条例》颁布至今。

这个阶段，我国颁布了两部重要的法律，一部是《预防和处理条例》，另一部是《基本医疗卫生与健康促进法》。

《预防和处理条例》的立足点是医疗纠纷的预防和解决。因此，只有部分内容与医疗行为的规范化和同质化有关。在医疗行为的同质化层面，这部法律与《医疗质量管理办法》有诸多共同之处：都对国家、卫生主管

---

〔1〕 陈阳等："《医疗质量管理办法》的亮点与局限"，载《中国医院管理》2017 年第 2 期。

部门和医疗机构的职责作出较为明确的规定，[1]内容基本相同，只是具体表述有差异。都规定医疗机构或医务人员的医疗行为要遵守诊疗规范。不过，与《医疗质量管理办法》相比，《预防和处理条例》也有自己特色，该法第5条规定了地方政府在医疗纠纷的预防和处理上要发挥领导和协调作用，这条规定体现了在医疗行为的风险治理中加强行政规制作用。[2]虽然，该条文的规范目的在于预防医疗纠纷的发生和妥善解决医疗纠纷，但它与实现医疗行为的规范化和同质化有非常大的关系。

《基本医疗卫生与健康促进法》是推动我国实现医疗水平规范化和同质化的又一部重要的法律。在基本医疗层面，根据该法第15条的规定，国家应通过公平配置医疗资源的方式使患者能够公平地获得基本医疗服务。这表明我国要在基本医疗层面实现医疗行为的规范化和同质化，让基本医疗服务在患者之间能够公平可及。[3]在非基本医疗层面，我国也积极推动医疗行为的规范化和同质化。这部法律之所以在非基本医疗层面未规定患者可以公平获得规范化和同质化的医疗行为，主要是考虑到我国现阶段的经济社会发展水平，[4]没有发达的经济和社会发展水平，医疗行为的规范化和同质化是难以实现的。不过这并不表明这两者的实现不是这部法律立法的目标，因为该法第43条第2款和第54条第1款分别规定了医疗机构和医务人员须遵守诊疗规范。

（二）我国医疗行为发展脉络的实践审视

前文是从立法层面对医疗行为的发展脉络进行审视，接下来，再从实

---

〔1〕 艾尔肯："论新时期医疗纠纷防范对策——以《医疗纠纷预防和处理条例》为视角"，载《北方法学》2019年第5期。

〔2〕 张博源："我国医疗风险治理模式转型与制度构建——兼评《医疗纠纷预防与处理条例》（送审稿）"，载《河北法学》2016年第11期。

〔3〕 许安标："加强公共卫生体系建设的重要法治保障——《基本医疗卫生与健康促进法》最新解读"，载《中国法律评论》2020年第3期。

〔4〕 许安标："加强公共卫生体系建设的重要法治保障——《基本医疗卫生与健康促进法》最新解读"，载《中国法律评论》2020年第3期。

践层面，对我国医疗行为发展脉络进行分析。

1. 从经验模式向循证模式转变

通过对实践进行观察，发现我国医疗行为正从经验模式向循证模式转变：

（1）循证实践所具备的条件层面。

由于我国医务人员的数量庞大，对其进行经验模式向循证模式转变的调查是一个非常艰巨的任务，因此，到目前为止，尚未有医学界的学者进行过全国性的实证调研，只有对某地区医务人员进行的实证调研。

有学者指出，循证模式对医务人员的要求还是比较高的，要求医务人员具有高素质，要具有多方面的能力。[1]这种要求对于我国医务人员来说，有些医务人员具备这种能力，有些医务人员则不具备这种能力。有些学者通过实证调研还发现，医务人员对循证模式的认识也不相同，有的医务人员循证观念强，遇到临床问题，会借助循证模式的具体步骤进行操作。有的医务人员循证观念薄弱，遇到临床问题，则不会借助循证模式的具体步骤进行循证，而是采用向上级医师咨询的经验模式来解决。[2]

医疗行为循证模式的开展，对医疗机构也有较高的要求，必须要具备包括硬件设施和环境等在内的多个条件。[3]有学者在实证调研中发现，我国有些医疗机构具备这种条件，有些医疗机构是难以满足这些条件的。地区经济状况越发达、医疗机构资质越高的医疗机构越具备实施循证模式的条件，地区经济状况越不发达，医疗机构资质越低的医疗机构则越缺乏实施循证模式的条件。[4]

---

〔1〕 韩光亮、郭崇政主编：《临床循证医学》，中国医药科技出版社 2016 年版，第 9 页。

〔2〕 赵雪雪等："北京市全科医生循证医学实践现状的质性研究"，载《中国全科医学》2018 年第 7 期；郭润莹、刘巍等："河南省二级医院临床医生对循证医学的认知现状"，载《河南大学学报（医学版）》2015 年第 1 期。

〔3〕 韩光亮、郭崇政主编：《临床循证医学》，中国医药科技出版社 2016 年版，第 9 页。

〔4〕 赵雪雪等："北京市全科医生循证医学实践现状的质性研究"，载《中国全科医学》2018 年第 7 期；郭润莹等："河南省二级医院临床医生对循证医学的认知现状"，载《河南大学学报（医学版）》2015 年第 1 期。

（2）医疗机构和医务人员对诊疗规范的遵守层面。

相较于经验模式，按照诊疗规范从事医疗行为是循证模式的体现，不过这不等于医疗行为循证模式的全部，因为诊疗规范是临床证据的一种，不是在任何时候都是最佳证据，而循证模式往往是最佳证据应用于医疗行为中的。

在诊疗规范的遵守层面，有些学者通过实证调研发现，我国医务人员在诊疗规范的遵守程度上总体上是较好的。[1]多数医务人员愿意通过遵循诊疗规范，来规范自身的医疗行为。医疗机构的级别和医务人员的学历层次越高，诊疗规范的使用率越高；医疗机构的级别和医务人员的学历层次越低，诊疗规范的使用率越低。在基层，仍存在少数医务人员不了解诊疗规范和不常使用诊疗规范的现象。

纳入临床路径管理也是遵守诊疗规范的体现。我国现阶段公立医院中纳入临床路径管理的公立医院越来越多。临床路径是建立在循证医学基础之上的一种疾病管理方法。截至 2017 年第一季度，全国约有 7000 家公立医院开展了临床路径的管理工作，占全国公立医院的 88.5%。到 2017 年底，已有 8400 多家二级以上的医疗机构开展临床路径管理。[2]根据《医疗机构临床路径管理指导原则》的规定，除公立医院外，其他医疗机构也应当实施临床路径管理，不过到目前为止，这样的医疗机构并不多。

（3）相关机构制定的诊疗规范层面。

2001 年卫生部委托中华医学会组织编写《临床技术操作规范》和《临床诊疗指南》系列丛书，并由中华医学会各分会具体组织各专业领域的专家、学者们根据临床经验总结制定，这些临床实践指南实质上是专家

---

〔1〕 黄超等："中国医务人员对临床实践指南的使用和需求调查"，载《中国循证医学杂志》2019 年第 6 期；孔东池等："中国医务人员医疗标准执行现况及影响因素调查"，载《西部医学》2019 年第 11 期。

〔2〕 张潘等："我国公立医院临床路径开展及管理情况分析"，载《中国医院管理》2019 年第 2 期。

共识。近些年来，我国加快了诊疗规范制定的步伐，到目前为止，已经有多部诊疗规范出台。总体而言，在这些诊疗规范中，只有少数的诊疗规范是真正通过循证的方式制定出来的，其余大部分诊疗规范或者是基于专家共识制定出来的或者是直接翻译和改编自国外的诊疗规范。近几年来，我国逐渐重视用循证的方法制定诊疗规范，已经出现了一批严格按照国际标准制定的诊疗规范。[1]不过，即使是采用共识方法制定出来的诊疗规范，也开始考虑临床研究证据，并不是完全根据专家的个人意见来制定。

从我国诊疗规范的制定状况看，诊疗规范也存在一定的问题，如临床证据的本土化程度低、诊疗规范中的意见不清晰、诊疗规范已经过时等。就临床证据的本土化程度而言，临床实践中，很多临床证据是在非华人群体中获得的，这些证据对我国患者是否能完全适用仍存在疑问。就诊疗规范中的意见不清晰而言，有学者通过实证调研发现，诊疗规范中的意见不清晰是诊疗规范实施时常见的障碍。[2]就诊疗规范的过时而言，我国经常出现因诊疗规范更新不及时而导致诊疗规范过时的情况。这种情况也发生于司法实践中。

综上所述，我国现行立法已经确认医疗行为从经验模式向循证模式转变。从实践观之，我国医疗行为也正在脱离经验模式并逐步开始转向循证模式，当然，正如医学界的学者指出的那样，我国医疗行为循证模式距离真正实现循证模式尚有一定的距离。[3]

2. 医疗行为的规范化和同质化的实践状况

通过对实践进行观察，发现我国医疗行为正在逐步推动规范化和同质化。

---

〔1〕 陈耀龙等："中国临床实践指南的发展与变革"，载《中国循证医学杂志》2018 年第 8 期。

〔2〕 黄超等："中国医务人员对临床实践指南的使用和需求调查"，载《中国循证医学杂志》2019 年第 6 期。

〔3〕 韩光亮、郭崇政主编：《临床循证医学》，中国医药科技出版社 2016 年版，第 9 页。

　　在医疗行为的规范化层面，截至目前，我国有关部门没有对全国或地方的医疗机构或医务人员的医疗行为规范化程度进行过统计，不过，从近几年国家卫健委陆续发布的《国家医疗服务和医疗质量安全》的报告来看，我国医疗机构或医务人员的医疗行为的规范化程度是在提高的，如我国三级医院患者平均住院日连续 5 年持续下降的，三级和二级公立综合医院的住院患者总死亡率连续 3 年持续下降的。[1]当然，我国的医疗机构或医务人员尚未完全实现医疗行为的规范化，这一点从我国医疗过失的发生原因就可以看出来，绝大多数的医疗过失都是因为违反了诊疗规范。

　　实现医疗行为的同质化是我国医疗行为规范化的最终目标。从整体上看，我国距离医疗行为同质化的实现还有较大的距离，国家卫健委在 2020 年发布的《2019 年医疗服务和医疗质量安全报告》中明确指出，我国医疗资源的配置仍然不均衡，区域间医疗资源的布局仍不合理。不过，我国在实现医疗水平规范化和同质化方面也有积极的面向。具体体现为以下三个方面。

　　第一，从我国医疗行业整体来看，和之前相比，区域之间的技术能力更加平衡，优质医疗资源有效下沉。[2]

　　第二，在医疗联合体的建设方面，建立和发展医疗联合体不仅是我国医疗机构管理制度的重要内容，还是实现医疗行为规范化和同质化的重要举措。[3]在上海浦东新区陆家嘴社区卫生服务中心成立的儿童哮喘标准化示范门诊处，所有全科医生都经过了儿科专科医院的培训，市民在这个社区卫生服务中心就可以享受到与专科医院同质化的医疗水平。[4]江苏镇江 2009 年成立的两大医疗集团中既有三甲医院，也有专科医院和社区卫生服

---

　　[1]　"国家卫生健康委员会 2020 年 10 月 16 日例行新闻发布会文字实录"，载 http://www.nhc.gov.cn/xcs/s3574/202010/e9b313092c724ed3a6e5d0ccea510d5b.shtml。

　　[2]　姚军：《医事法学》，复旦大学出版社 2020 年版，第 218 页。

　　[3]　姚军：《医事法学》，复旦大学出版社 2020 年版，第 119~125 页。

　　[4]　"上海儿童医学中心成立儿科医联体缓解儿童看病难"，载 http://www.nhc.gov.cn/yzygj/yljyjl/201611/23da167de2f2495cb3d2e1005bc1af3c.shtml。

务中心，通过提升硬件配置、提高管理水平等措施，在医联体内部已经实现医疗水平的同质化。[1]

第三，在住院医师规范化培训方面，住院医师规范化培训制度不仅是医师执业准入法律制度的重要内容，还是实现医疗行为规范化和同质化的重要举措。[2]如在上海地区，经过对住院医师进行规范化培训，这些医师在专业能力方面呈现出同质化的趋势。

第三节 医疗过失判定的根据

一、注意义务在过失判定中的作用

"注意义务"一词通常是侵权法中的用语。在合同法上并不使用"注意义务"一词，而是使用合同法上的用语，如在保管合同中，常使用的是"保管义务""保管不善"等。[3]

注意义务是指行为人在客观上应谨慎行事并采取合理的避免措施以防危险发生的义务。对于注意义务的功能，受不同国家法制状况的影响，注意义务的功能也不尽相同。如在英国和美国，注意义务具有规范"不作为"和法官的控制器的作用。在德国，司法实务中产生的交易安全注意义务的功能是扩张作为义务、过错责任和危险责任的桥梁，也是解释和统合许多特殊侵权类型的工具。在我国，学者们认为，注意义务的功能在于便利责任构成和限定责任范围。注意义务具有责任范围的限制或扩张功能、法官的控制器、利益权衡的协调功能和行为准则的规范功能。本书认为，这些对注意义务功能的界定都是正确的。就注意义务而言，无论便利责任

---

〔1〕 国务院发展研究中心社会部课题组：《推进分级诊疗：经验·问题·建议》，中国发展出版社 2017 年版，第 52~53 页。

〔2〕 姚军：《医事法学》，复旦大学出版社 2020 年版，第 102~103 页。

〔3〕 崔建远：《合同法》，北京大学出版社 2012 年版，第 569 页。

构成还是限定责任范围，都与过失判定有关，也就是说，注意义务是过失判定的关键词。对于责任构成而言，在过失侵权中，过失是侵权责任构成要件之一，而过失的判定主要看行为人是否尽到注意义务，未尽到注意义务就是有过失的行为，尽到注意义务就是没有过失的行为。对于限定责任范围而言，实质上是在法政策层面划定注意义务，防止出现注意义务泛滥的现象。

在现代侵权法中，对过失的判定逐渐从主观过失说向客观过失说转变。主观过失说在 19 世纪的前期与中期极为盛行。自 19 世纪末期以来，客观过失说占据统治地位。虽然过失经历从主观过失向客观过失转变，但实质上两者都是在确定注意义务，只不过是注意义务的参照对象不同罢了，因为在主观过失中，过失判定考虑的是行为人自身的年龄、能力以及所处的环境等因素，当采纳客观过失说之后，理性人行为标准的确定过程就是适当的注意义务的确定过程。如果行为人的行为达到或高于理性人的标准，也就尽到了注意义务，则其行为就不存在过失；如果行为人的行为未达到理性人的标准，则未尽到注意义务，就存在过失。

二、注意义务配置的考量因素

在侵权法上，注意义务的配置常常需要考虑多种因素。

（一）可预见性

注意义务的缘起最早可以追溯到中世纪时的普通法。在当时，诉讼的产生需要有特定的令状。在这些令状中，损害赔偿之诉的令状要求原被告之间要有合同关系，这样做的目的是防止诉讼泛滥。随着令状制度的废止和一般化的原则和法则的产生，侵权行为法作为一门独立的法律主题的想法应运而生。[1]19 世纪 30 年代某些州的法院逐渐将过失与"不当行为"联

---

〔1〕　〔美〕G. 爱德华·怀特：《美国侵权行为法：一部知识史》，王晓明、李宇译，北京大学出版社 2014 年版，第 16~17 页。

系起来，[1]而这些不当行为的判断标准就是一般性标准，不再局限于原被告之间是否有合同关系，但在当时，原被告之间是否有合同关系仍是这一类案件中困扰法官的问题，直至 Donoghue v. Stevenson 案的诞生。该案具有深远影响，它使注意义务的确定彻底摆脱了合同关系的束缚，该案是英美法现代注意义务诞生的标志。Donoghue v. Stevenson 案给人们带来的启示是，可预见性是配置注意义务的因素之一，如果站在理性人的角度看，无法合理地预见到会给他人造成损害，则行为人对遭受的损害不具有过失。如果站在理性人的角度看，能够合理地预见到会给他人造成损害，则行为人的行为就很可能会有过失。时至今日，可预见性仍然是侵权责任法上配置注意义务的考虑因素，在英美法上，无论是两步认定法，还是三步认定法，排在第一位的都是可预见性。

在《布莱克法律词典》中，可预见性是指预先意识或知道的能力，对作为或不作为可能产生的损害或伤害的合理预见。[2]如何判断行为人是否具有可预见性呢？英美法学者对可预见性的考虑因素进行了总结，我国也有学者对可预见性的考虑因素进行了总结。英美法学者总结的可预见性的考虑因素共有八种，分别是地点、行为、行为人、准备工作、人性假设、历史资料、特别感官资料、常识。对我国学者列举的可预见性的考虑因素进行梳理，大致包括行为、[3]行业、[4]地点、预防损害发生的程度、常识。应该说，这些因素使对可预见性的内容变得更加具体。当然，可预见性并不完全局限于这些因素，这些因素只是为可预见性的观察提供了大致的范围。

---

〔1〕 [美] G. 爱德华·怀特：《美国侵权行为法：一部知识史》，王晓明、李宇译，北京大学出版社 2014 年版，第 16 页。

〔2〕 于雪锋：《侵权法可预见性规则研究——以法律因果关系为视角》，北京大学出版社 2017 年版，第 29 页。

〔3〕 程啸：《侵权责任法》，法律出版社 2015 年版，第 284 页。

〔4〕 王利明：《侵权责任法研究（下卷）》，中国人民大学出版社 2011 年版，第 350 页；程啸：《侵权责任法》，法律出版社 2015 年版，第 282～284 页。

在可预见性的程度上，学界都认为，损害有一定发生的可能或非常有可能发生都属于预见的范畴。对损害具有轻微的可能性是否属于预见的范畴则存在不同的观点。有学者认为，存在给原告造成损害的微弱盖然性的，仍属于可预见的范畴，[1]有的学者则认为，给原告造成的损害的轻微可能性不属于可预见的范畴。[2]本书认为，对此不能泛泛而谈，需要将损害发生的轻微可能性、损害的类型、损害发生的后果放在一起进行分析，同样是轻微可能性，行为人对人身损害较之于财产损害则更应该能预见到。同样是轻微可能性，行为人对严重损害后果较之于不严重的损害后果则更应该能预见到。

在是否要预见侵害的对象的问题上，英美法上最初要求预见到特定的对象。不过，英美法现在不要求预见到特定的侵害对象，只要求预见到侵害对象所属的群体就行。[3]本书认为，为了实现侵权法的救济功能，无须要求预见到行为人的具体身份，只要能将受害人大致确定即可。

可预见性不是一种纯粹的事实判断。可预见性的成立带有价值判断的属性，如汉德公式的运用就是价值判断的体现，因为此时可预见性的判断，不是仅仅考虑理性人的预见能力，还要考虑损害的严重性、可能性与预防成本的关系。此外，行为人的行为所带来的社会效益与可采取的替代措施也是考虑的因素之一，也是价值判断的体现。当行为人的行为带来的社会效益与预防损害发生的负担越不成比例时，越容易判断其具有可预见性。

（二）可避免性

可避免性是配置注意义务时的考虑因素。行为人虽然对损害发生具有可预见性，但也未必对损害的发生要承担侵权责任。可预见性与可避免性

---

〔1〕于雪锋：《侵权法可预见性规则研究——以法律因果关系为视角》，北京大学出版社2017年版，第30页。

〔2〕［美］文森特·R.约翰逊：《美国侵权法》，赵秀文等译，中国人民大学出版社2017年版，第58页。

〔3〕于雪锋：《侵权法可预见性规则研究——以法律因果关系为视角》，北京大学出版社2017年版，第78页。

紧密相联。行为人不仅要预见到发生的损害，而且还要能避免损害的发生，才能为其配置注意义务。

注意义务中的可避免性受到了我国《民法典》的青睐。我国《民法典》第 1195 条、第 1224 条第 1 款第 2 项、第 1243 条、第 1254 条第 2 款、第 1257 条、第 1258 条都规定了特定主体应采取的避免损害发生的措施。

是否具有可避免性应通过一些具体的因素来加以考虑。对学者们的观点进行梳理和总结，这些具体的因素主要包括如下内容：第一，地点。程啸教授认为，道路管理部门无法在客观上保证公共道路的任何路段在任何时间内都能维持安全良好的运行状态，[1]这表明，在不同的地点，对损害的可避免性的判断是不同的。第二，行为人自身的能力。通常而言，行为人应竭尽所能地避免预见到的损害的发生，我国学者也认同这一点。如程啸教授认为，在地面施工致人损害责任中，在法律没有明确规定的情形下，应从严认定施工人是否设置了明显标志和采取了安全措施，[2]这里的"从严认定"实质上就是要求行为人对于避免损害的发生要尽其所能。不过，如果行为人所采取的措施虽属于力所能及，但一旦采取的话，除了能避免损害，还会给社会或他人造成严重的后果，则这种避免措施未必是适当的，如火车列车员固然可以通过使用制动装置来避免撞击铁轨上的障碍物，但使用制动装置却会造成严重的后果，此时列车员所采取的避免措施是不适当的。[3]第三，法律的规定。如果行为人的行为违反了法律规定，则会被认为采取的避免措施不适当。如果行为人的行为符合法律规定，则往往会被认为采取了妥当的避免措施。如《民法典》第 1258 条第 1 款规定："在公共场所或者道路上挖掘、修缮安装地下设施等造成他人损害，施工人不能证明已经设置明显标志和采取安全措施的，应当承担侵权责

---

〔1〕 程啸：《侵权责任法教程》，中国人民大学出版社 2020 年版，第 366 页。

〔2〕 程啸：《侵权责任法教程》，中国人民大学出版社 2020 年版，第 359 页。

〔3〕 [美]文森特·R. 约翰逊：《美国侵权法》，赵秀文等译，中国人民大学出版社 2017 年版，第 59 页。

任。"很多学者认为，只要施工人设置了明显标志，也采取了安全措施，其行为就没有过失。这种理解是不妥当的，因为该条对施工人采取的避免措施有两项即设置明显标志和采取安全措施，而不仅仅是设置明显标志。第四，惯常做法。如果行为人的做法符合惯常做法，则很多时候会被认为尽到了避免损害发生的要求。[1]当然，由于惯常做法有时候会有不合理之处，因此实践中也存在符合惯常做法的行为被认为是采取的避免措施不当。第五，发生过的类似事件。发生过的事件影响对损害后果的可避免性的判断，如果某地连续发生过多起侵权事件，则行为人需要提高其避免损害发生的水平，以尽量减少损害的再次发生，否则往往会被认为有过失。第六，行为人。如果行为人具有专业知识和某些专业技能，则其所采取的避免损害发生的措施的要求会更高。

损害的可避免性不完全是一种事实判断，还带有价值判断的属性。

（三）公共政策

在英美侵权法上，公共政策是常用语，在注意义务的配置中常常会考虑公共政策。英美法上常常将"Public Policy"翻译为"公共政策"，公共政策一般是指社会大多数人对问题的看法或价值观。[2]英美法上公共政策的范围是很宽泛的，胡雪梅教授在其著作《英国侵权法》中列举了14项，当然，司法实务中还有其他类型的公共政策。[3]

我国学者使用"公共政策"一词的频率不高，经常使用的是"公序良俗"一词。从学者们列举的公共政策的类型来看，公序良俗属于公共政策的范畴，但公共政策的范围要比公序良俗的范围大得多，公序良俗相当于公共政策中的公共道德。公共政策和我国的国家政策也不相同，有学者认

---

〔1〕　［美］小詹姆斯·A.亨德森等：《美国侵权法　实体与程序》，王竹、丁海俊、董春华、周玉辉译，王竹审校，北京大学出版社2014年版，第188页。

〔2〕　于雪锋：《侵权法可预见性规则研究——以法律因果关系为视角》，北京大学出版社2017年版，第157~158页。

〔3〕　胡雪梅：《英国侵权法》，中国政法大学出版社2008年版，第65~66页。

为，公共政策对应的是公共秩序，国家政策与公共政策这两个概念是不可通约的，[1]本书认为，由于对公共政策的定位不同，对国家政策与公共政策的关系的认识也会有所不同，我国的国家政策属于公共政策的范畴，但公共政策的范围宽于我国的国家政策，我国的国家政策大致相当于公共政策中的产业政策或政治政策等。

从公共政策的适用情形来看，适用公序良俗原则，主要发生在民事行为的效力领域，它与侵权法上注意义务的配置关联度低，主要集中在共同饮酒、破坏祖坟和破坏风水事项上。[2]公共政策中的国家政策在司法中加以适用的情形比比皆是。进入司法裁判过程的主要途径有两个：一个是介入司法的隐形通道；另一个是介入司法的显性通道。[3]从学者梳理的案件来看，国家政策的适用主要体现在交通、医疗、环境污染和经济等方面。[4]

如果抛开公共政策中的公序良俗和国家政策，我国司法实务部门明确用公共政策判案是不多见的，运用公共政策配置注意义务的情形更是少见。

在配置注意义务时能否适用公共政策的问题上，我国学界有两种观点。一种观点是公共政策可以成为配置注意义务的考虑因素。另一种观点是配置注意义务时，应尽量避免公共政策的影响。[5]这种观点的具体理由如下：第一，公共政策是为了弥补法定义务规定的有限性而产生的，我国侵权法律规范逐步完善，不需要用公共政策加以考量。第二，公共政策的

---

〔1〕 王洪平："论'国家政策'之法源地位的民法典选择"，载《烟台大学学报（哲学社会科学版）》2016年第4期。

〔2〕 孙梦娇、李拥军："善良风俗在我国司法裁判中的应用现状研究"，载《河北法学》2018年第1期；蔡唱："公序良俗在我国的司法适用研究"，载《中国法学（文摘）》2016年第6期。

〔3〕 张红："论国家政策作为民法法源"，载《中国社会科学》2015年第12期。

〔4〕 张红："论国家政策作为民法法源"，载《中国社会科学》2015年第12期。

〔5〕 于雪锋：《侵权法可预见性规则研究——以法律因果关系为视角》，北京大学出版社2017年版，第159页。

主要目的是否认注意义务的成立，它的立足点不是受害人本位，而民法是以对受害人救济为首要目标，因此，以公共政策考量否认注意义务的成立，必须谨慎为之。[1]应该说，这两种观点都有一定的道理，都有可借鉴之处。本书认为，我国应重视实证法在配置注意义务中的作用，但同时也不能忽视公共政策对配置注意义务的影响。具体理由如下：第一，完全排斥公共政策对注意义务配置的影响是不现实的。公序良俗是我国民法的基本原则，其适用范围是各个民事领域，因此，在配置注意义务时考虑公序良俗的因素没有问题。我国出台的一些国家政策会在经由司法解释进入司法裁判的过程中作为配置注意义务的依据，至于其他的政策，则或者通过内化为法律的内容或者与法律发生联系，成为裁判说理的依据。[2]基于此，不能将国家政策排斥在配置注意义务的考虑因素之外。除公序良俗和国家政策外，其他的公共政策对注意义务的配置也会产生一定的影响。当法律和司法解释没有规定或者现行立法体现出来的价值判断已经与社会脱节的时候，法官此时就需要按照社会公众形成的价值观进行裁判，[3]这其实就是考虑用公共政策对注意义务进行配置。第二，在运用公共政策配置注意义务时也应受到一定的限制。我国是一个成文法的国家，制定了很多与注意义务的配置有关的成文法。这些立法都体现了立法者的价值判断，这些成文法，必须予以尊重，不得以公共政策中的价值判断代替立法者的价值判断。当法律和司法解释没有规定或者现行立法体现出来的价值已经与社会脱节的时候，法官在运用公共政策来配置注意义务时，也要寻求社会中达成共识的价值观，同时还要在裁判文书中加强说理和论证。

---

[1] 于雪锋：《侵权法可预见性规则研究——以法律因果关系为视角》，北京大学出版社2017年版，第159页。

[2] 张红："论国家政策作为民法法源"，载《中国社会科学》2015年第12期。

[3] 王利明：《法学方法论》，中国人民大学出版社2012年版，第617~618页。

三、注意义务在医疗过失判定中的表现形式

在医疗过失判定的话语体系中很少使用"注意义务"一词,而是常常用医学用语来表达:在立法层面,如我国《民法典》第1221条中的"医疗水平"和"诊疗义务"、第1222条第1项中的"诊疗规范"。我国澳门地区的医疗事故法律制度规定:"……医疗事故是指因过错违反医疗卫生方面的法规、指引、职业道德原则、专业技术知识或常规作出的医疗行为而损害就诊者的身体或精神的健康的事实,不论该行为属作为或不作为。"[1]《丹麦病人保险法》第2条第1款第1项规定:"只要损害极有可能是以下列方式导致的就引起损害赔偿请求权:倘若能够推定一个该领域内有经验的专家在特定情形下的检查、治疗或其他类似措施的过程中会采取不同行为,且损害因此而可以被避免。"[2]在司法实践层面,我国很多法院都是以医务人员的医疗行为符合或违反诊疗规范而判定医疗机构是否有医疗过失。本书认为,医疗过失的判定不应抛开过失的判定标准而另行创制一种标准,医疗过失的判定也应依据医务人员是否尽到适当的注意义务来进行。使用医疗水平、诊疗常规和医疗惯例等用语的目的都在于确定注意义务,只不过,不同用语确定的注意义务的内容不同而已。我国《民法典》第1221条是直接从2009年《侵权责任法》第57条继受而来的,未做任何修改。在立法时,立法者认为,注意义务是侵权责任的核心要素,确定了注意义务后,就可以判断医务人员是否具有医疗过失,立法者通过考察国外的立法例、实践和我国的具体国情后,确定应根据医疗水平配置注意义务,最终通过的条文并没有出现"注意义务",而是以"医疗水平"和"诊疗义务"来代替。

---

〔1〕 林位强:《澳门医疗事故法研究 兼论非财产损害赔偿》,法律出版社2017年版,第100页。

〔2〕 林位强:《澳门医疗事故法研究 兼论非财产损害赔偿》,法律出版社2017年版,第104页。

　　为什么医疗过失判定中很少使用注意义务，而是使用"医疗水平""诊疗规范"等用语呢？这主要是因为使用医学用语容易为医务人员所理解和掌握，在从事医疗行为时能够相对清晰地把握医疗过失的界限，从而避免医疗过失行为的发生。如果采用善良管理人或理性人等用语，则可能会使医务人员不清楚应如何从事医疗行为，这对患者疾病的诊治和医疗事业的健康发展都是不利的。

第二章

我国医疗过失的判定标准

医疗过失的判定标准在整个医疗过失的判定中居于核心地位，它是其他医疗过失判定规则的基础。从各国的实践判例来看，多数医疗过失纠纷案和医疗过失判定的标准有很大关系。

第一节　我国医疗过失判定标准运行中存在的困境

一、我国现行法规定的医疗过失判定标准

医疗过失的判定有多种标准。2009 年《侵权责任法》制定时，我国就陆续有学者主张我国医疗过失的判定应借鉴日本法的规定，引入医疗水平标准。立法部门经过认真研究，采纳了这种建议，在 2009 年《侵权责任法》第 57 条中规定医疗水平是医疗过失的判定标准。《民法典》制定时，对这个问题没有争议，我国《民法典》第 1221 条原封不动地将 2009 年《侵权责任法》第 57 条的内容规定进来，没作出任何改变。

除《民法典》第 1221 条明确规定医疗水平是医疗过失的判定标准外，《民法典》第 1224 条规定的医疗机构的免责事由，也是以医疗水平为基准进行规范设计的，该条第 1 款第 3 项明确规定了若符合当时的医疗水平，就不承担责任，反之，就要承担责任。该条第 1 款第 1 项没有使用"医疗水平"一词，而是使用"诊疗规范"一词。笔者认为，这并不表明医务人员的诊疗

行为符合诊疗规范就不承担责任，不符合诊疗规范就承担责任，也不表明着我国医疗过失的判定标准发生立法上的改变。该项规定仅仅指的是医务人员按照诊疗规范实施的诊疗行为体现了当时的医疗水平的情形，如果按照诊疗规范实施的诊疗行为落后于当时的医疗水平，那么这种情况下，患者或近亲属是可以拒绝的，否则对他们是不公平的。《民法典》第1221条和第1224条这两个条文可以说遥相呼应，第1221条是从正面规定医疗水平标准，第1224条则是从反面规定医疗水平标准。有学者在对《民法典》第1224条第1项和第1227条进行体系解释后，认为这两个条文都可以表明医疗过失是以诊疗规范为标准进行判定的，[1]本书认为这种结论是不妥当的。《民法典》第1227条规定不得违反诊疗规范实施不必要的检查。在理论上，过度医疗的认定非常复杂，有学者指出，过度医疗的认定应从主观方面和客观方面综合作出判断。主观方面是医务人员是故意，客观方面是违反诊疗规范和明显超过了必要限度，[2]由此可见，过度医疗的认定并不仅仅是违反诊疗规范就是过度医疗行为，不违反诊疗规范就不是过度医疗行为。因此，第1227条的规定并不能证明我国医疗过失的判定标准不是医疗水平。

2009年《侵权责任法》颁布后，立法部门撰写的法律释义中，也是通过对医疗水平说的形成过程来解释该法第57条的，其中涉及医疗惯例标准的质疑和否定等内容。《民法典》颁布后，立法部门对其第1221条的解释和对2009年《侵权责任法》第57条的解释基本相同。不仅如此，立法部门还明确指出，是否有医疗过失，不是看是否与诊疗规范一致，而是要看同样的情况下，其他医务人员是如何实施医疗行为的。[3]这就说明，诊疗规范不是医疗过失的判定标准。

---

[1]　熊静文："诊疗规范中心论与医疗过失的判定——以《民法典·侵权责任编》相关条款的拟定为依归"，载《浙江社会科学》2019年第7期。

[2]　马辉：《基本医疗背景下医疗损害责任研究》，中国人民大学出版社2018年版，第188~192页。

[3]　黄薇主编：《中华人民共和国民法典侵权责任编解读》，中国法制出版社2020年版，第211页。

综上所述，我国《民法典》将医疗水平规定为医疗过失的判定标准。由于《民法典》是我国民事基本法，其他部门法应和它保持一致，不能违背。

二、我国医疗过失判定标准运行困境的表征

通过对我国《民法典》的规范分析可知，医疗水平标准是我国医疗过失的判定标准，下面就需要对该标准的运行状况进行检视。通过对北大法宝司法案例库中的部分案例进行分析，发现我国这类案件在裁判或鉴定中存在如下困境。

（一）医疗过失判定标准的不统一

在司法实务中，本书在"北大法宝"司法案例库中，选取部分援引2009年《侵权责任法》第57条（《民法典》第1221条）作为判案依据的案例进行样本分析，分析结果如下：第一种审判思路，医疗过失的判定根据是医务人员违反诊疗常规，但是整个判决中未说明医务人员是否违反了当时的医疗水平。[1] 第二种审判思路，医疗过失的判定根据是医务人员违反诊疗规范，但这些判决中未指明医务人员是否违反了当时的医疗水平。[2] 第三种审判思路，医疗过失的判定根据是医务人员存在技术操作失误或处理不当，但未指明医务人员是否违反了当时的医疗水平，[3] 只要在诊疗活

---

〔1〕 如在安徽省合肥市中级人民法院（2018）皖01民终1104号民事判决书中，二审法院认为患者第一次在被上诉人住院治疗时符合医疗常规，因此其行为不存在过错。再如，在重庆市第五中级人民法院（2018）渝01民终501号民事判决书中，一审法院认为被上诉人的诊治行为符合医疗处理常规，因此不存在医疗过错。

〔2〕 如山西省临汾市中级人民法院（2018）晋10民终205号民事判决书中，南京军区总医院与解放军军区总医院的诊疗行为符合诊疗规范，因此不具有医疗过失。再如在北京市第二中级人民法院（2018）京02民终1424号民事判决书中，法院认为被上诉人儿童医院的诊治行为符合医疗规范，因此不存在医疗过错。

〔3〕 如在吉林省通化市中级人民法院（2018）吉05民终319号民事判决书中，法院通过上诉人马某术后出现腹胀、疼痛和高烧等不良反应时，但被上诉人并未予以重视的事实认定医务人员存在过错。再如，在湖北省武汉市中级人民法院（2018）鄂01民终966号民事判决书中，法院仅仅以上诉人协和医院存在治疗行为存有不当之处，就认定其诊治行为具有过错。

动中医务人员存在技术操作失误的情况，就认定医务人员存在过错，无论其他医疗同行是否也会犯这样的错误。第四种审判思路，运用医疗惯例标准来裁判案件，但并没有对医务人员是如何违反医疗水平标准作出说明。[1]第五种审判思路，援引医疗水平标准进行判案，且对医疗水平标准作出说明。审视我国司法实践的种种做法，不难发现，运用前三种审判思路裁判的案件非常多。

本书也对医疗过失鉴定案件中医疗过失判定标准的运用状况进行了分析，分析结果如下：第一种鉴定思路是根据学术期刊和专著中的技术方法来鉴定是否存在医疗过失。如在一起输液中突然死亡的案例中，鉴定机构根据近些年来期刊对某种药物引起的过敏反应的研究或报道来对医疗过失进行鉴定，但对这些期刊研究成果是否体现了当时的医疗水平未作分析。[2]第二种鉴定思路是违反诊疗规范，鉴定医务人员存在过失。如在产前超声检查的医疗过失鉴定中，鉴定机构认为，医疗过失的鉴定应依据2012年我国医师协会超声医师分会发布的《产前超声检查指南》进行判断，但该指南是否体现了当时的医疗水平，该鉴定机构未做任何说明。[3]第三种鉴定思路是违反诊疗常规，鉴定医务人员存在过失。如在一起术后伸膝无力的案件中，鉴定机构以医务人员违反诊疗常规鉴定其有医疗过失，但对这些常规是否是当时医疗水平的体现未作分析。[4]

（二）对医务人员尽到注意义务的程度的认识不统一

在医疗过失判定的标准上，还存在对医务人员所应尽到的注意义务的

---

[1] 如在重庆市第五中级人民法院（2012）渝五中法民终字第01336号民事判决书中，医疗机构认为其行为符合医疗惯例，审理法院确认无过失。在吉林省高级人民法院（2014）吉民提字第58号民事判决书中，鉴定机构认为医疗机构的医疗行为与医疗惯例不符，鉴定为过失，审理法院予以确认。

[2] 司法部司法鉴定科学技术研究所、上海市法医学重点实验室编著：《医疗纠纷的鉴定与防范》，科学出版社2015年版，第299页。

[3] 司法部司法鉴定科学技术研究所、上海市法医学重点实验室编著：《医疗纠纷的鉴定与防范》，科学出版社2015年版，第244~245页、第265~268页。

[4] 王学东、王尚柏主编：《医疗事故技术鉴定典型案例评析》，安徽科学技术出版社2015年版，第191~192页。

程度的认识不同。本书收集了多件判例进行样本分析。从样本分析的结果看，法官对医务人员注意义务的要求较为混乱：有的判例对医务人员的要求是尽到高度注意义务，有的判例对医务人员的要求是尽到较高的注意义务，有的判例对医务人员的要求是尽到特别注意义务，有的判例对医务人员的要求是尽到谨慎的注意义务，有的判例对医务人员的要求是尽到较高注意义务，有的判例对医务人员的要求则是一般的注意义务。

由于医疗过失的判定与鉴定有密切的关系，本书也对鉴定机构对医务人员尽到注意义务的程度进行考察。在鉴定实践中，有的鉴定机构的鉴定思路是根据医务人员在诊疗活动中是否尽到高度注意义务来鉴定是否存在医疗过失。如在一起术后视力障碍的案件中，鉴定机构以医务人员未尽到高度注意义务而鉴定为有过失，但对这些高度注意义务是否为当时的医疗水平的要求未作分析。[1]有的鉴定机构的鉴定思路是根据医务人员在诊疗活动中是否尽到较高的注意义务来鉴定是否存在医疗过失。

通过上述分析不难发现，医疗水平在医疗过失的判定中未发挥过失判定标准的作用或者发挥的作用较小，很多情况下都是其他标准在发挥着过失判定的作用。同时，对医疗水平标准是何种注意义务也存在模糊认识。这种现实状况，不但使我国现行法的规范目的和功能难以实现，而且还使法律的权威性和公信力受到一定的破坏。

三、我国医疗过失判定标准运行困境的成因

（一）学理维度：对判定标准的认识不完全清晰

本书认为，学理上对医疗过失各种判定标准的关系和医疗水平标准内涵的认识不清是医疗过失的判定标准出现困境的两个原因。

---

〔1〕 司法部司法鉴定科学技术研究所、上海市法医学重点实验室编著：《医疗纠纷的鉴定与防范》，科学出版社 2015 年版，第 104~106 页。

1. 对医疗过失判定标准之间的关系尚未完全厘清

医疗过失的判定有多种标准。每种标准既有共性，又有自身的特殊性。只有掌握这些标准的特殊性，才能对这些标准辨别得较为清楚。通过上文对判例的分析，不难发现，实践部门对这些判定标准的认识尚未完全清晰。一方面，司法实务部门和鉴定机构通过对《民法典》的规范分析发现，医疗水平标准、诊疗规范标准和医疗惯例标准不是同一个标准，它们之间有一定的区别。《医疗解释》第16条列举了包括诊疗规范等多种因素判定医疗过失，这说明司法解释起草人也区分医疗水平标准和诊疗规范标准。法官和鉴定机构编写的相关书籍在论述医疗水平标准时，也都不会将其等同于诊疗规范标准和医疗惯例标准。另一方面，这些部门又对这些标准的区分尚未完全厘清。

对各种判定标准认识的不清晰和学界对医疗过失判定标准的研究程度不够有一定的关系。当前，我国学界对医疗过失判定标准的研究是不够系统和深入的，只有少数学者对这几种标准进行了一定程度的研究，绝大部分学者往往只对医疗水平标准泛泛而谈，而且论述的内容大同小异，对这几种标准之间的比较分析不足，不能及时为司法实务部门和鉴定机构提供理论上的支撑。

2. 对医疗水平标准内涵的认识不完全清晰

在医疗水平标准内涵的界定上，学者们的表述并不一致。王利明教授认为，就医务人员维度而言，医疗水平既不是医务人员所具有的最高医疗水平，也不是医务人员所具有的最低医疗水平，而是一种通常的或平均的医务人员的水平。[1]程啸教授认为，当时的医疗水平是指医务人员在从事诊疗活动时，一个合格的医务人员所应具有的医疗水平，在具体判断医务人员是否具有这样的医疗水平时应从法定义务和合理的注意义务两方面来

---

[1] 王利明：《侵权责任法研究（下卷）》，中国人民大学出版社2011年版，第395~398页。

作出认定。[1]程啸教授还认为，当时的医疗水平是医务人员通常所应有的谨慎、技能与能力。周友军教授认为，医疗水平是指该领域中一个普通的医务人员所具有的标准。在具体认定医疗水平时，应考虑医师自由裁量权、医学新知识等因素。[2]杨立新教授认为，医疗水平是已由医学水平加以释明的医学问题，基于医疗实践的普遍化并经由临床经验研究的积累，且由专家以其实际适用的水平加以确定的，已经一般普遍化的医疗可以实施的目标，并在临床可以作为论断医疗机关或医师责任基础的医疗水平。[3]张新宝教授认为，医疗水平是医学界普遍实施的技术，医疗水平不同于医学水平，从医学水平到医疗水平要经过经验阶段、客观化阶段和普及化阶段。[4]孟强副教授认为，医疗水平是医务人员在对患者诊疗过程中应尽到的谨慎治疗义务，是一种普遍的专业水平。[5]曾见副教授认为，对医疗水平的理解要克服两种错误倾向：一是将其描述成完全法律化的概念，远离医疗活动事实；二是过于机械化地将其变成一个纯粹的医学概念，从而对医疗过失的判断完全变成了一个医学问题。[6]最高人民法院的法官认为，医疗水平是指医务人员所属行业通常所具有的知识能力。不难发现，虽然学者们和法官不断尝试对医疗水平的概念作出界定，但这些界定存在两个问题：一方面，学者们对这个标准的内涵表述不一致，如有的学者认为医疗水平是普通医务人员所具有的能力，有的学者认为医疗水平是平均医务人员所具有的能力，还有的学者认为医疗水平是合格医务人员所具有的能力。另一方面，这些观点对医疗水平标准概念的界定过于抽象，缺乏具体的阐释。

---

〔1〕 程啸：《侵权责任法》，法律出版社 2015 年版，第 563 页。
〔2〕 周友军：《侵权法学》，中国人民大学出版社 2011 年版，第 258~260 页。
〔3〕 杨立新：《简明侵权责任法》，中国法制出版社 2015 年版，第 285 页。
〔4〕 朱柏松等：《医疗过失举证责任之比较》，华中科技大学出版社 2010 年版，第 75 页。
〔5〕 王利明主编：《中华人民共和国侵权责任法释义》，中国法制出版社 2010 年版，第 283 页。
〔6〕 曾见："论'当时的医疗水平'的解释——《侵权责任法》第 57 条与《德国民法典》630a 条的比较"，载《中国卫生事业管理》2015 年第 3 期。

在注意义务的程度上,司法实务部门和鉴定机构的认识不一致也和学界对医疗水平标准是何种注意义务的研究程度不足有一定的关系。在学界,学者们对医疗水平是何种注意义务存在不同的认识,有的学者认为,医疗水平是一种高度注意义务,[1]有的学者则认为,医疗水平是一种合理的注意义务。[2]还有的学者进一步将医务人员的注意义务分为基本注意义务和高度注意义务。[3]

(二)立法维度:规定了不同判定标准和衔接不畅

1. 其他法律规定了与《民法典》不同的判定标准

2009 年《侵权责任法》颁布之后至《民法典》通过之前,我国医疗领域陆续有新的法律的制定或对已颁布的法律作出修改。2022 年国务院对《医疗机构管理条例》进行修订,2016 年国家卫生和计划生育委员会颁布了《医疗质量管理办法》,2018 年国务院颁布了《预防和处理条例》,2019 年全国人大常委会颁布了《基本医疗卫生与健康促进法》。这些法律中,前三部法律都没有使用"医疗水平"一语。虽然具体表述各有不同,但这些法律的相关条文都规定了医疗机构及医务人员应遵守法律和技术规范。不难看出,这些条文的精神是医疗机构和医务人员从事医疗行为应以诊疗规范为根据。尽管这些法律没有明确规定诊疗规范是过失的判定标准,但这些法律实质上已将诊疗规范作为过失的判定标准了。因为医疗水平和诊疗规范都是确定注意义务的工具,当法律规定医务人员应遵守诊疗规范时,自然就会使我国医疗过失的判定标准发生改变,即不再是医疗水平标准,而是诊疗规范标准。《基本医疗卫生与健康促进法》更明确将诊疗规范规定为医疗过失的判定标准。该法第 106 条规定,违反本法规定,造成人身、财产损害的,依法承担民事责任。由于该法第 43 条第 2 款、第51 条和第 54 条分别规定的是医疗机构、医务人员遵守诊疗规范、行业规

---

〔1〕 杨立新:《侵权责任法》,法律出版社 2018 年版,第 260 页。

〔2〕 程啸:《侵权责任法教程》,中国人民大学出版社 2020 年版,第 295 页。

〔3〕 张新宝:《侵权责任法》,中国人民大学出版社 2020 年版,第 200 页。

范，因此，可以认为医务人员违反诊疗规范或行业规范，给患者造成损害的，就应当承担民事责任。显然，该法已经将诊疗规范作为过失的判定依据，这些规定明显与《民法典》第 1221 条规定的医疗水平标准相背离。由此可见，我国《民法典》和上述其他法律确立了不同的医疗过失判定标准。

2. 程序法规范与实体法规范之间衔接不顺畅

以法律规定的内容和价值取向的不同为标准，可以将法分为实体法和程序法。医疗过失鉴定的规定应属于程序法的范畴。长期以来，我国医疗过失的鉴定处于医学会主导的医疗事故鉴定模式和司法鉴定机构主导的司法鉴定模式的双轨制运行状态。2009 年《侵权责任法》颁布后，统称为医疗损害鉴定。[1] 从司法实践看，对于是委托医学会做鉴定还是委托司法鉴定结构做鉴定，各地人民法院的做法并不一致。

从实体法观之，我国《民法典》第 1221 条规定，医务人员的过失应依照当时的医疗水平确定。按照该规定，医疗过失判定的进路应该是先确定该医务人员从事诊疗活动的水平，然后再根据其所属地域与机构资质等因素确定医疗水平，通过比较来判定其行为是否存在过失。从程序法观之，《司法鉴定程序通则》（以下简称《鉴定通则》）第 23 条规定了鉴定机构鉴定时的依据，即按照国家标准、行业标准和技术规范、该专业领域多数专家认可的技术方法。《医疗事故技术鉴定暂行办法》（以下简称《鉴定办法》）第 4 条规定的鉴定依据为法律、行政法规、规章、常规和运用医学科学原理的专业知识。根据这些规定，鉴定医疗过失的进路是，先确定该医务人员从事诊疗活动的行为，然后与鉴定依据相比较，来鉴定其行为是否存在过失。无论是《鉴定通则》第 23 条确定的鉴定依据，还是《鉴定办法》第 4 条规定的鉴定依据，都强调遵守行业标准，都缺少对地域性因素、机构资质等因素的规定。更重要的是，这两个条文都没有规定

---

[1] 杜万华等："《关于审理医疗损害责任纠纷案件适用法律若干问题的解释》的理解与适用"，载《人民司法（应用）》2018 年第 1 期。

医疗过失鉴定采用医疗水平标准。通过对司法实践中若干鉴定实例的分析，发现很多案件都是根据程序法的规定进行鉴定，不考虑《民法典》第1221条的规定。此处，试举一个鉴定的实例进行说明。在有关某鉴定机构对产妇产前检查是否有医疗过失的案件中，鉴定人员的鉴定思路如下，先根据《鉴定通则》第23条的规定，确定我国医师协会超声医师分会于2012年制定的《产前超声检查指南》是此次争议案件鉴定的依据。然后再分析具体案情，看医疗行为是否符合该指南的规定。[1]从这个鉴定实例可以清楚看到，在过失判定问题上，实体法和程序法之间未做到衔接顺畅，实体法的规定未在医疗过失的鉴定中得到有效落实。

在这两种鉴定模式中，司法鉴定机构的鉴定模式存在另一个问题是外行鉴定内行。随着现代医学的快速发展，医学分科越来越细化，既不存在精通所有临床医学知识的全能型临床医师，又不存在全能型医疗鉴定专家。司法鉴定人员是法医师，法医师并不是临床专家，法医师更擅长尸检和伤残鉴定。[2]鉴定人的鉴定能力在司法鉴定实践中一直遭到质疑。[3]《预防和处理条例》的颁布，统一规范了诉前医疗损害鉴定活动。在肯认医疗损害鉴定二元现状的同时，从宏观层面对鉴定的委托、鉴定人、专家库的设立作出规定，并授权国务院卫生主管部门和司法行政部门共同制定医疗损害鉴定具体的管理办法。《医疗损害鉴定管理办法（征求意见稿）》在医疗鉴定专家组成人员的形成、鉴定标准等方面注重与《民法典》第1221条规定的内容进行对接，实现实体法与程序法规范的有效衔接，如《医疗损害鉴定管理办法（征求意见稿）》第4条第2款规定，省和设区的市的卫生和司法行政部门组建本行政区域的专家库。第11条第2款规

---

〔1〕　司法部司法鉴定科学技术研究所、上海市法医学重点实验室编著：《医疗纠纷的鉴定与防范》，科学出版社2015年版，第241～246页。

〔2〕　霍家润："医疗损害司法鉴定应坚持同行鉴定原则"，载《中国卫生法制》2014年第4期。

〔3〕　刘鑫、单靖雯："开启医疗损害鉴定的新篇章——《医疗纠纷预防和处理条例》医疗损害鉴定模式"，载《中国法医学杂志》2018年第4期。

定，进入专家库的专家，优先从本地聘请。第 20 条第 2 款规定，医疗损害鉴定机构在抽取专家时，应当优先选择鉴定机构所在地的市级医疗损害鉴定专家库中的专家。该征求意见稿第 28 条规定，医疗损害鉴定时，应当遵守有关法律、法规、规章、技术操作规范等，并考虑患者病情的紧急程度、患者的个体差异、当时当地的医疗水平、医疗机构与医务人员的资质等因素。由于《预防和处理条例》对鉴定的规定过于宏观，没有涉及医疗过失的鉴定问题，而该征求意见稿又尚处在起草阶段，尚未颁布，因此，诉前鉴定的现状很难得到改善。如果诉讼中的医疗过失鉴定仍要按照现行法规定来进行，鉴定现状也不会得到改变。

（三）司法维度：衡量医疗水平因素的存疑和缺乏对医疗水平的说理

1. 衡量医疗水平的因素存在疑问

在学界，在衡量医疗水平的因素的议题上有两种观点：一种观点认为，全国实行统一的标准，不考虑地域和医疗机构、医务人员的资质因素。提出这种观点的学者为数不多，以王利明教授和程啸教授为代表。[1]另一种观点认为，应考虑地域因素和医疗机构、医务人员的资质因素。提出这种观点的学者占据多数，以梁慧星教授和杨立新教授为代表。

在司法解释和法律层面，2009 年《侵权责任法》颁布后，最高人民法院制定了《医疗解释》，该解释第 16 条列出了几种衡量医疗水平的因素。根据该规定，衡量医疗水平时，要考虑地域因素和医疗机构及医务人员的资质因素、患者个体差异。该司法解释还列举了患者紧急情况的因素，当然，该条文是针对解决医疗过失的判定问题而作出规定的，并非专门为了解决医疗水平的考虑因素问题，因此不能将该条列举的所有因素都一概纳入医疗水平的考虑因素中。病情的紧急程度不属于确定医疗水平的考虑因素，因为在这种情况下，医务人员未达到当时的医疗水平也往往不构成医疗过失。《民法典》第 1224 条第 1 款第 2 项对紧急状况下尽到合理的诊疗

---

〔1〕 王利明：《侵权责任法研究（下卷）》，中国人民大学出版社 2011 年版，第 393 页。

义务的规定，是为了降低医务人员的注意义务。[1]《民法典》颁布实施后，对于医疗水平如何进行衡量的问题，立法部门并没有提出一个完整的解决方案，但他们指出，衡量医疗水平时，不能考虑地域因素和医疗机构、医务人员的资质。[2]

通过对学界的认识、司法解释的规定和立法部门的解释进行分析，可以发现，我国对衡量医疗水平的问题存在如下疑问：第一，是否考虑地域因素。鉴于学界的观点、司法解释和立法部门的观点对其存在分歧，需要考虑的是，在衡量医疗水平的因素中是否应考虑地域因素。第二，如果考虑地域因素，应该如何考虑地域因素。虽然学界多数学者主张衡量医疗水平时应考虑地域因素，但对如何考虑地域因素未作进一步分析。《医疗解释》第16条也没有规定如何具体考虑地域因素。第三，在确定衡量医疗水平的因素时，还应考虑的是《医疗解释》第16条中列举的因素是否相对完备，一些应列入的考虑因素是否没有列入？如果应列进来的因素没有列入，也会导致医疗水平标准的无法落实。

2. 裁判文书中缺乏对医疗水平的说理

在我国司法实践中，采用医疗水平标准的裁判文书也往往呈现出一般化和套路化的状况，即先将鉴定文书中的部分内容照搬到裁判文书中，然后指出本次鉴定程序合法、有效，最后依据鉴定文书的鉴定结论，再直接套用《民法典》第1221条的规定，对医疗机构是否有过失作出判定。

很显然，在这样的裁判文书中，没有对医疗行为所涉及的医疗水平标准进行系统分析和论证。尽管学界认为，裁判文书的说理不完全等同于对法理的阐释，还应包括情理、事理和文理，[3]但法理的阐释一定是其中最

---

〔1〕　周友军：《侵权法学》，中国人民大学出版社2011年版，第259页。

〔2〕　黄薇主编：《中华人民共和国民法典侵权责任编解读》，中国法制出版社2020年版，第210~211页。

〔3〕　耿振善、张慧超："裁判文书的说理与改革——访中国人民大学法学院张志铭教授"，载《人民法治》2015年第10期。

为重要的一项。至少从法理层面看，一个合格的裁判文书应包括医疗水平是医疗过失判定标准的法律依据和医疗水平标准在系争案件中是如何体现出来的，在论述后一部分内容时不能盲目和简单地重复鉴定文书中的内容，否则，即使实证法规定得再完备、再完善，理论研究再深入，医疗水平标准也难以贯彻下去。

第二节　医疗过失判定标准的比较

从 2009 年《侵权责任法》立法开始，在医疗过失的判定标准问题上就存在诸多争论，形成了医疗过失判定的多种标准。现对各种标准进行具体解析及比较，找出医疗水平标准与其他标准之间的共性与个性。

一、各种判定标准的基本内容

（一）医疗水平标准的内容

医疗水平标准的内容是判定医疗过失时，采用实施医疗行为时的医疗水平，如果违反这一标准，就具有医疗过失，反之则不具有医疗过失。

医疗水平标准的内容和医疗水平标准的形成与发展息息相关。医疗水平标准起源于日本。在日本法上，早期医疗过失的判定采医疗惯例标准，日本医疗机构以其医疗行为符合医疗惯例而主张免责。1961 年"东大输血感染梅毒案"中，法院考虑到医疗行为关系患者的生命和健康，不能任由医务人员证明其行为符合当时的医疗惯例就不构成医疗过失，于是不再绝对地依赖医疗行业自身标准，开始以医师最大的注意义务来认定医疗过失，最终，法院认为医方未尽到防止危险发生的最大程度的注意义务，而判决医方承担责任。该判决对医疗水平说的产生具有重要影响，因为它具有指引作用，促使日本法学界开始反思究竟以何种标准来认定医疗过失。

1969 年"脚癣病放射治疗案"和 1974 年"高山日赤医院事件"对医

疗水平说的形成具有重要意义。前者进一步将"防止危险发生的最大注意义务"解释为根据医务人员诊疗当时的医学知识来实施诊治。后者是日本20世纪70年代至90年代中早产儿视网膜病所引发的医疗侵权案件中影响最为重大的一件。虽然在该案判决时，光凝固治疗方法尚处于仅有数例临床实施例、没有被一般临床医师所认可的阶段，但法院还是认为医师有实施定期的眼底检查、转院说明等应尽的最大程度的注意义务。虽然这两个法院判决未能得到医学界的认可，但是它们却引发了对医师注意义务的讨论。日本学者松仓教授提出了学术上的医疗水平与临床实践中的医疗水平，并认为后者是认定医疗过失的标准。松仓教授进一步指出，医疗水平包括该医疗行为的有效性及安全性得到认可；同时该医疗行为已经成为临床实施的目标。松仓教授的观点得到了法学界和医学界的一致赞同。[1]后来又在一些有影响力的判例的影响下，最终确立了医疗水平标准。

自医疗水准正式成为医疗过失判定标准后，先后经历了普及说和相对说两个阶段。在普及说阶段，松仓教授认为，医学水平转化成医疗水平至少应达到的状态是所在地域的大多数专科医生大致将该疗法用于临床实践且达成该医疗水准的器械、设备等也相应地普及。[2]也就是说，医疗水平以技术或治疗方法现已一般化、普遍化并固定下来为前提。[3]松仓教授还认为，衡量医疗水平时不应考虑医疗机构的特性。日本厚生省组织的早产儿视网膜病凝固疗法研究班于1975年发布了光凝固疗法的适当、适期和具体方法等内容的研究报告。法院于是以1975年为分界点，1975年之前，医师未采用光凝固疗法对患者进行治疗，不属于医疗过失，1975年之后，光凝固疗法已经确立，如果在临床实践中仍未采用该疗法，则应认定为有医疗过失。

松仓教授普及说的观点提出后，有许多学者质疑。如远藤贤治教授认

---

〔1〕　夏芸：《医疗事故赔偿法——来自日本法的启示》，法律出版社2007年版，第114页。
〔2〕　周江洪："日本医疗水准说评析"，载《中国政法大学学报》2008年第5期。
〔3〕　张忆红：《医师民事责任的法律构造》，高翔译，东南大学出版社2018年版，第165页。

为医疗水平不能局限于临床的实践，判定医疗水平还应考虑医师是否安于现状和提高业务技能达到相应的程度。新美育文教授认为，通过一定地域范围内的普及来衡量医疗水平，并以该医疗水平作为认定医疗过失的标准，只能是对医疗现状的肯定。[1] 按照普及说的观点，某个地域的大多数医师都已经将该治疗方法应用于临床实践，实际上这可能需要很漫长的时间，因为一方面医学知识在向临床实践的转化过程中，常常会面临验证、怀疑、批判、排斥等各种情形，另一方面还会受到医师的习惯（如接受新疗法的主观愿望、获取业务知识的途径）、医师所在的地域因素（如地区经济发展状况、地区公共政策和医务人员继续教育是否真正落到实处）、医疗机构的状况（如医务人员是否有充足的进修和交流的机会、医务人员的学历等自身条件、接触到病人的机会、上级医院提供有效指导的机会）等因素的影响。这些因素都会使疾病新疗法的落实变得艰难和漫长，甚至会出现一种情况，即更新的治疗方法已经开始于临床实践，而之前的治疗方法还处于接受的过程中。

普及说之后，学界又提出了相对说。时至今日，相对说已成为通说。[2] 在这个问题上，日本学者还提出了法规范说，但日本法律界并不区分法规范说和相对说，二者统称为相对说，皆具有法规范的意义。主张相对说的学者都认为，医疗水平不应该是全国统一的标准，而应结合具体情况确定。一般认为，相对说主张医疗水平是一种临床实践中的标准，具体应考虑的因素包括医疗机构所处的地域、医疗机构的规模和性质等因素。该标准还主张，医疗水平是一种针对患者的具体情况确定不同治疗方法的标准，具有动态性。

相对说提出后，有些学者也提出了质疑，主要集中在以下几点：第一，医疗水平的各种考虑因素在个案中具体化后，会产生很大的不确定

---

〔1〕 夏芸：《医疗事故赔偿法——来自日本法的启示》，法律出版社 2007 年版，第 125 页。

〔2〕 张亿红：《医师民事责任的法律构造》，高翔译，东南大学出版社 2018 年版，第 166～167 页。

性，如泷井教授认为，医疗水平会随着医疗机构所处的社会环境、医疗水准各种考虑因素的被重视的程度不同等而发生相应的变化。[1]第二，如果将医师专业领域和医疗机构所处社会环境作为医疗水准的关键考虑因素，那么当该领域或地域内医务人员普遍怠于接受新疗法时，则医疗水准无法得到实现。应该说，在这些质疑声中，第一种观点是有一定道理的，因为医疗水平的确定如果要考虑地域因素，会使各地医疗机构的水平产生差异。第二种观点是没有道理的，因为医疗水平标准是在要求医务人员跟随医学进步的基础上建立的，所以这种标准不会阻碍新的治疗方法的应用与推广。

时至今日，尽管医疗水平标准并非尽善尽美，仍受到诸多学者的质疑，但这些并不影响该标准成为日本判定医疗过失的标准。不过，自医疗水平标准诞生时起，它就是一个具有法规范属性的用语，因为该标准是建立在医疗惯例是对医疗过失判定标准的纠正的基础上的。尽管该标准确立的终极目标不再宣称是为了落实医师尽到防止危险发生的最大注意义务，但从维护医疗机构的利益向维护患者权益的立场转变却是不争的事实。

2009 年《侵权责任法》制定之前，我国不少学者就建议我国应当将医疗水平作为医疗过失的判定标准。[2]还有学者提出了理性医师说、合理护士说[3]和法定内在标准说，[4]这些学说和理性医务人员标准实质是相同的，由于医疗水平标准和理性医师标准具有法律规范的属性，因此，理性医师标准和医疗水平标准并不存在实质区别。

---

〔1〕　周江洪："日本医疗水准说评析"，载《中国政法大学学报》2008 年第 5 期。

〔2〕　王丽莎："论医疗技术过失的判断的标准及原则——兼评《最高人民法院关于审理医疗损害责任纠纷案件适用法律若干问题的解释》第 16 条"，载《医学与哲学（A）》2018 年第 8 期。

〔3〕　陈俊华："判定护理过失的基本标准分析"，载《政法论丛》2013 年第 6 期。

〔4〕　赵西巨："论我国立法和司法对法定外在标准的过度依赖——以我国医疗损害责任鉴定与诉讼实践为例"，载《证据科学》2012 年第 3 期。

(二) 诊疗规范和诊疗常规标准的内容

诊疗规范和诊疗常规是通过医疗行业内部运作机制形成的，是对患者实施医疗行为所采用的一种共同性的操作方法或规程。它并非完全不考虑患者个体情况，有很多诊疗规范和诊疗常规针对患者的具体情况提出了不同的治疗方法。诊疗规范和诊疗常规并非一成不变，但每种诊疗规范和诊疗常规的更新情况有所不同。诊疗规范和诊疗常规考虑患者的利益，旨在减少患者的病痛或促进健康的恢复。不过也有学者指出，它们具有医疗行业自我防卫和自利的心态。[1]

还有学者指出，2009 年《侵权责任法》制定之前，我国对医疗过失的判定采纳的就是诊疗规范和诊疗常规标准。[2]这种观点是正确的，因为《事故条例》颁布后，立法部门明确指出，违反诊疗规范和诊疗常规，必定要出事情，在判断是否是医疗事故时，这是最好的判定标准，[3]同时，这种判定标准也为理论界所接受，认为医疗事故就是以诊疗规范和常规来判定的。[4]

2009 年《侵权责任法》和《民法典》颁布后，我国仍有不少学者坚持这种观点。如梁慧星教授认为，《民法典》第 1222 条第 1 项中的推定在性质上属于不可推翻之推定，就其法律性质而言相当于视为。[5]张新宝教授认为，这种推定是不能被推翻的，一旦出现这种情况，就可以认定存在医疗过失。[6]王竹教授也认为，这种推定不能被推翻，因为违反诊疗规范就说明有医疗过失，无须再证明不存在医疗过失。[7]此外，杨立新教授、

---

〔1〕 陈聪富：《医疗责任的形成与展开》，台大出版中心 2020 年版，第 233 页。

〔2〕 王丽莎：《医疗过失理论研究》，中国政法大学出版社 2014 年版，第 173 页。

〔3〕 《医疗事故处理条例》起草小组编写：《医疗事故处理条例释义》，中国法制出版社 2002 年版，第 10 页。

〔4〕 于佳佳："论医疗过失的判断标准——解读《侵权责任法》第 57 条对医疗上注意义务的规定"，载《中南大学学报（社会科学版）》2016 年第 3 期。

〔5〕 梁慧星："论《侵权责任法》中的医疗损害责任"，载《法商研究》2010 年第 6 期。

〔6〕 张新宝：《侵权责任法》，中国人民大学出版社 2020 年版，第 201 页。

〔7〕 王竹、舒栎宇："医疗机构过错推定规则的理解与适用——以《侵权责任法》第 58 条及相关条文为中心"，载《医学与法学》2012 年第 2 期。

艾尔肯教授等学者也持这种观点。尽管这些学者都不否认医疗水平是医疗过失的判定标准，但他们实质上也将诊疗规范和诊疗常规作为另一种判定标准。

在诊疗规范、诊疗常规作为医疗过失的判定标准上，医学界学者并不区分诊疗常规和诊疗规范，而是将它们统称为诊疗常规。在医疗纠纷中，经常见到的现象是医务人员主张其行为符合诊疗常规而无过失，司法鉴定机构出具的鉴定意见也常常表述"医务人员的医疗行为符合诊疗常规，因此不存在过失"，这些主张和表述中的"诊疗常规"是不区分诊疗常规和诊疗规范的。

（三）医疗惯例标准的内容

在侵权法立法过程中，有学者主张，依照医务人员的医疗行为是否符合其通常惯例来判定其是否具有过失。[1]

在医疗过失的认定标准上，英美法曾采用医疗惯例标准，只要医务人员的诊疗行为符合医疗惯例，就不存在过失。Bolitho 案后，英美法开始审视医疗惯例是否具有合理性，不再完全遵照医疗惯例原则来认定医疗过失，[2]不过学者们也指出："Bolitho 标准并未给医疗专业人员施加过重的负担……该判决并不如呈现出的那样具有创新性"，[3]Bolitho 标准只有在极少数案件中，在医疗机构的专业意见经不起逻辑分析的时候才会适用。[4]因此，美国仍有学者认为，医疗过失的判断标准主要采取的还是医疗惯例说，该学者认为，没有在相同或类似的情况下尽到一个合格、细心的医生采取的水平就构成医疗过失，这种水平很大程度上是由在培训和教育方面具有可比

---

〔1〕　古津贤、强美英主编：《医事法学》，北京大学出版社 2011 年版，第 235 页。

〔2〕　［英］约翰·廷格、皮帕·巴克编著：《患者安全、法律政策和实务》，张鲁平、翟宏丽、翟红丽等译，中国政法大学出版社 2016 年版，第 45 页。

〔3〕　［英］约翰·廷格、皮帕·巴克编著：《患者安全、法律政策和实务》，张鲁平、翟宏丽、翟红丽等译，中国政法大学出版社 2016 年版，第 45 页。

〔4〕　［英］约翰·廷格、皮帕·巴克编著：《患者安全、法律政策和实务》，张鲁平、翟宏丽、翟红丽等译，中国政法大学出版社 2016 年版，第 45 页。

性的同行以及面临相同或类似临床情况的同行来定义的。[1]不过，时至今日，多数美国学者认为，美国医疗过失的判定标准采纳的是理性医师说。[2]在法国，医疗惯例是医疗过失主要的判定标准，司法实践中否定医疗惯例的情形并不多。[3]

在我国，学者往往认为医疗惯例标准有时具有一定的不合理性，医疗惯例属于《民法典》第1222条第1项"其他诊疗规范"的范畴，医疗惯例有过时、不合理的情形，法院应对其进行合理性审查。古津贤教授等学者认为医疗惯例的形成具有很强的个人因素，往往相对陈旧，存在明显漏洞，与医疗水准不适应。

二、各种判定标准之间的辨析

（一）医疗水平标准和诊疗规范、常规标准的关系辨析

在法学界，对于医疗水平标准和诊疗规范、诊疗常规标准的关系，从既往的研究成果来看，有些学者认为，在注意义务的确定上，诊疗规范、诊疗常规标准低于医疗水平标准。[4]具体理由是诊疗规范、诊疗常规标准具有局限性，诊疗常规在形成时，可能就已经落后于医疗实践的发展。采用诊疗常规标准会使医务人员怠于考虑患者的个体差异，同时还会束缚医务人员的行为，不敢突破常规去从事医疗行为。

本书认为，医疗水平标准与诊疗规范、诊疗常规标准既有相同之处，又有不同之处。相同之处体现在医疗水平标准和诊疗规范、诊疗常规标准

---

〔1〕 Gregory Q. Hill, Robert K. Ryu et. al. , "A Primer to Understanding the Elements of Medical Malpractice", Seminars in Interventional Radiology, 2019（2）.

〔2〕 陈聪富："医疗事故民事责任之过失判定"，载《政大法学评论》2012年第127期。

〔3〕 ［法］西蒙·泰勒：《医疗事故责任与救济：英法比较研究》，唐超译，中国政法大学出版社2018年版，第37~38页。

〔4〕 于佳佳："论医疗过失的判断标准——解读《侵权责任法》第57条对医疗上注意义务的规定"，载《中南大学学报（社会科学版）》2016年第3期；窦海阳："法院对医务人员过失判断依据之辨析——以《侵权责任法》施行以来相关判决为主要考察对象"，载《现代法学》2015年第2期。

都旨在落实医务人员的注意义务。[1]它们也有一定的区别，具体体现在如下方面：第一，医疗水平标准不是纯粹的医学用语，经过长期的演变，已经具有法律规范的属性，而诊疗规范、诊疗常规标准则缺乏法规范属性，仅仅是依据医疗行业的意见形成的。第二，衡量是否尽到医疗水平不是看是否违反诊疗规范，而是该医务人员从事的医疗行为是否与其他医务人员一致，如果一致，就没有过失，反之就是有过失。第三，在考虑患者的个体差异上，医疗水平标准比诊疗规范常规标准更注重考虑患者的个体差异，诊疗规范、诊疗常规标准则过于强调医疗行为按照规范行事，在一定程度上忽略了患者的个体差异因素。第四，医疗水平标准比诊疗规范、诊疗常规标准更反对安于现状，更鼓励医务人员更新医学知识和技术。医疗水平标准是在否定诊疗常规的基础上产生的，它更加强调医务人员对医学新知识和新技术的追求。第五，医疗水平标准更强调维护患者的合法权益，诊疗规范、诊疗常规标准旨在按照诊疗规范的要求维护患者的合法权益，但从医疗水平标准的发展历程看，医疗水平标准在维护患者权益上，不只是考虑诊疗规范、诊疗常规，还要考虑其他因素，因此，其更加有利于维护患者的合法权益。正如有学者指出，在个别时候，按照诊疗规范行医不仅会损害患者的利益，甚至还会造成防御医疗。[2]

（二）诊疗规范、诊疗常规标准和医疗惯例标准的关系辨析

在法学界，一些学者对医疗惯例标准进行研究，形成两种截然不同的观点：一种观点认为，诊疗常规与医疗惯例相同。如马辉副教授就将医疗惯例与诊疗常规同等看待。[3]另一种观点则认为，医疗惯例与诊疗常规不同。如古津贤教授等学者认为医疗惯例相对陈旧，存在明显漏洞，与医疗

〔1〕　于佳佳："论医疗过失的判断标准——解读《侵权责任法》第57条对医疗上注意义务的规定"，载《中南大学学报（社会科学版）》2016年第3期。

〔2〕　有学者也持相同的观点，参见［英］约翰·廷格、皮帕·巴克编著：《患者安全、法律政策和实务》，张鲁平、翟宏丽译，中国政法大学出版社2016年版，第22页。

〔3〕　马辉：《基本医疗背景下医疗损害责任研究》，中国人民大学出版社2018年版，第86页。

水准不适应。诊疗常规是医疗机构及其医务人员在进行医疗、护理及相关的各项工作的过程中所应当遵循的各种标准、工作方法、工作步骤程序的具体规范。[1]很多法官认为，医疗惯例有过时、不合理的情形，法院应对其进行合理性的审查。虽然这种观点并未直接论述医疗惯例和诊疗常规的关系，不过从其表述中可以发现，诊疗常规的范围要广于医疗惯例，医疗惯例有合理和不合理之分，而诊疗常规则都是合理的。笔者在与医学界的一些学者进行交流时，他们也认为医疗惯例是医务人员的行业习惯，不同地区的医务人员可能会有不同的医疗习惯，医疗惯例有合理和不合理之分。在我国，有些医学界学者还对不合理的医疗惯例的具体体现作出进一步分析，认为不合理的医疗惯例可以体现在诊断、治疗和护理等多个方面。

本书认为，在我国，医疗惯例标准和诊疗规范、诊疗常规标准既有共同之处，也有一定的差别。共同之处是两种标准都主张遵守诊疗规范、诊疗常规，都主张尊重医学规律。两者的不同之处在于，在没有新的临床证据证明诊疗规范、诊疗常规存在错误之前，诊疗规范、诊疗常规常常具有合理性。而医疗惯例标准不合理的情形则较为常见。尽管在很多情况下，法院都是以医疗行为符合医疗惯例而判定为没有过失，但毕竟有些判例中法院还是对医疗惯例进行审查的，以法律上的过失评判的视角来审视医疗行为是否有过失。

（三）医疗水平标准和医疗惯例标准的关系辨析

医疗惯例标准和医疗水平标准相比，既有共性也有一定区别。就其共性而言，有些情形中，医疗惯例体现出来的水平就是当时的医疗水平，两者没有区别。但两者也有一定的区别，具体体现在如下方面：第一，有些医疗惯例未尽到最大程度的保护患方权益的义务，将惯例作为注意义务的标准，对患者权益保护的程度过低。医疗水平标准是一种理性医务人员标

---

〔1〕 古津贤、强美英主编：《医事法学》，北京大学出版社 2011 年版，第 236 页。

准，较为注重考虑患者的权益，对患者的保护程度较高。日本 1961 年 2 月
16 日东京大学附属医院输血致感染梅毒案就采用的是医疗惯例标准，本该简
单的问诊义务没有尽到，造成后来输血的患者感染梅毒。[1]第二，医疗水
平标准是理性医务人员标准，因此，按照医疗水平标准实施的医疗行为都
是较为合理的，而医疗惯例中则有合理和不合理之分。有些医务人员按照
医疗惯例实施的医疗行为明显具有不合理之处。第三，有些医疗惯例与我
国法律要求的医务人员负有更新知识的义务不符，采纳医疗惯例标准，容
易使医务人员安于现状，这种状况不利于医疗事业的健康发展和对患者健
康权益的保障。我国台湾地区学者也持这种观点，如廖建瑜法官指出，医
疗惯例标准会弱化医师的钻研义务，阻碍医师的进步。[2]医疗水平标准则
始终与医务人员更新业务知识保持一致。

第三节　医疗水平标准内涵的阐释

一、医疗水平标准内涵的域外审视

对域外医疗水平的内涵进行考察和分析，可以为我们对医疗水平内涵
的确定提供一种分析路径。

（一）对医疗水平标准内涵的考察

对域外的医疗水平内涵进行考察，须从医疗水平的概念和医务人员负
有的注意义务的程度这两个层面进行。

1. 医疗水平的概念

在域外，理论界和实务部门也有对医疗水平标准的概念进行界定的情
况。在美国，医疗水平标准是其所属职业中通常专业人员所具有的或者展

---

[1]　廖建瑜：“医疗水准与医疗惯行之注意义务”，载《月旦医事法报告》2017 年第 8 期。
[2]　廖建瑜：“医疗水准与医疗惯行之注意义务”，载《月旦医事法报告》2017 年第 8 期。

现出来的知识、技能和勤勉水平。[1] McNair 法官认为，医疗水平是指行使或声称拥有此种特殊技能的、通常的熟练人员所应当达到的标准。[2] 在德国，联邦最高法院人员认为医疗水平标准是"一个值得尊重的、勤勉不苟的，具有平均技能的医疗职业人士的注意义务"。[3] 在法国，医疗水平标准是指相同专科的合理医生于同样情事下应有的注意义务。[4] 在这些用语中，有美国学者和英国学者反对使用"平均水平"的用语，美国学者指出，应采用"普通"一词，平均水平是极难定义的概念，而且会导致太多的专业人士达不到"平均"水平。[5] 英国学者也指出，平均水平在个案中完全派不上用场。[6]

2. 医疗水平的内容

在域外，医疗水平的内容包括医务人员本身所应具有的专业水平和作为一般理性人所负有的注意义务两个方面。

日本 1961 年东京大学附属医院输血致感染梅毒案和最高裁判所 1996 年 1 月 23 日麻醉事故案提示人们，在确定医疗水平时，不能一味遵从医疗惯例，应尽最大可能防止危险的发生。上述判例还表明，理性人的标准有助于法院检视医疗行业习惯做法的合理性。日本的一系列早产儿视网膜病变的案件提示人们，从区分医学水平与医疗水平到从绝对说发展到相对说来看，确定医疗水平时，医师要具有钻研义务，要及时进行知识和技术更

---

〔1〕 [美] 文森特·R. 约翰逊：《美国侵权法》，赵秀文等译，中国人民大学出版社 2017 年版，第 64 页。

〔2〕 王利明：《侵权责任法研究（下卷）》，中国人民大学出版社 2011 年版，第 391 页。

〔3〕 [英] 马克·施陶赫：《英国与德国的医疗过失法比较研究》，唐超译，法律出版社 2012 年版，第 62 页。

〔4〕 [法] 西蒙·泰勒：《医疗事故责任与救济：英法比较研究》，唐超译，中国政法大学出版社 2018 年版，第 36 页。

〔5〕 [美] 文森特·R. 约翰逊：《美国侵权法》，赵秀文等译，中国人民大学出版社 2017 年版，第 65 页。

〔6〕 [英] 马克·施陶赫：《英国与德国的医疗过失法比较研究》，唐超译，法律出版社 2012 年版，第 56 页。

新，不能以落后的医疗惯例作为不具有过失的理由。日本 2006 年 4 月 18
日心脏术后肠道坏死案中法院指出，医疗水平标准不仅因个案而异，亦随
时间浮动，即难以以一概括之医疗水平概念界定之。于此情形，即应回归过
失判断之一般原则。[1]该判例是日本法院直接运用过失一般判断标准——
理性人的注意义务进行判决的一例。在日本，近些年来类似的判例已经有
很多。这些判例并不是对医疗水平标准的背离，而是恰好证明医疗水平包
含着理性人标准的意蕴。[2]

德国也是如此。在德国，区分医疗惯例配置的注意义务和过失上的
"社会交往的必要注意"，[3]虽然医务人员遵循了医疗惯例，但如果能够预
见到危险的存在，则医务人员有义务防止该危险。

在英美两国，英国 Bolitho v. City and Hackney Health Authority 案提示人
们，被告所实施行为的风险和收益是医疗过失判定的考虑因素。符合医疗
惯例就不具有医疗过失的做法不再具有绝对性。[4] Helling v. Carey 案是美
国抛弃医疗惯例作为医疗过失判定标准的标志性案例，它和英国 Reynolds
v. North Tyneside Health Authority 案相同，法院的观点都是应全面评估患者
的病情，认真权衡实施医疗行为的收益与成本的关系，来选择适当的医疗
措施。在 Battersby v. Tottman 案中，被告所实施行为的风险和目的是衡量
是否有过失的因素。[5]有学者指出，在 Bolitho 案以后，符合医疗行业普遍
做法，但不符合风险与成本的逻辑分析的案件逐渐增多。[6]

---

[1] 吴振吉：《医疗侵权责任之过失判定》，元照出版有限公司 2020 年版，第 183~184 页。
[2] 吴振吉：《医疗侵权责任之过失判定》，元照出版有限公司 2020 年版，第 183~184 页。
[3] 于佳佳："论医疗过失的判断标准——解读《侵权责任法》第 57 条对医疗上注意义务的规定"，载《中南大学学报（社会科学版）》2016 年第 3 期。
[4] ［英］约翰·廷格、皮帕·巴克编著：《患者安全、法律政策和实务》，张鲁平、翟宏丽译，中国政法大学出版社 2016 年版，第 45 页。
[5] 赵西巨：《医事法研究》，法律出版社 2008 年版，第 262 页。
[6] 吴振吉：《医疗侵权责任之过失判定》，元照出版有限公司 2020 年版，第 90 页。

3. 医务人员承担注意义务的程度

在医务人员承担何种程度的注意义务上，域外的做法也有不同之处。在德国，在医疗水平标准的内涵上，医师的注意义务具有不同层次，不同医师负有的注意义务不同，拥有特别的知识和技能的医师承担更高的注意义务。英国法实务认为，侵权法不同于契约法，无须为特别优秀之医师设置特别注意义务，只需要达到相同情境下其他专业人士相同的医疗水平即可。[1]美国和英国的做法相同，并不会为某一领域的专家配置比普通医生更高的注意义务。[2]这两个国家中，并没有要求医师对患者负有高度注意义务，只要他们具备合理的技能即可。

在注意义务的具体配置上，域外也有不同的认识。在德国，专科医师的注意义务高于全科医师。大学附属医院和专科医院的注意义务高于中小型医院，后者只需要满足医学的基本要求即可。[3]对于新手医师应达到何种医疗水平，英国法院一直存在有争论，也有不同的判例，有的判例要求新手医师要达到该专业领域要求的技能，有的判例则要求新手医师达到相同资格的医师的医疗水平即可。不过，英国法院实务上还是采纳新手医师应达到该专业领域通常技能的观点，[4]很少考虑医务人员个人因素。[5]在日本法上，医师在诊断其专门领域之外的疾病时，对医师的注意义务的要求会有所降低。[6]

（二）医疗水平标准内涵的阐释

通过上文对医疗水平标准内涵的域外考察，可以得出以下认识。

〔1〕 吴振吉：《医疗侵权责任之过失判定》，元照出版有限公司 2020 年版，第 108~109 页。

〔2〕 ［美］文森特·R. 约翰逊：《美国侵权法》，赵秀文等译，中国人民大学出版社 2017 年版，第 65 页。

〔3〕 曾见："论'当时的医疗水平'的解释——《侵权责任法》第 57 条与《德国民法典》第 630a 条的比较"，载《中国卫生事业管理》2015 年第 3 期。

〔4〕 吴振吉：《医疗侵权责任之过失判定》，元照出版有限公司 2020 年版，第 110~111 页。

〔5〕 Glasgow Corporation v. Muir ［1943］A. C. 448 at 457.

〔6〕 ［日］日本日经医疗编辑：《日本医疗纠纷诉讼案例 53 讲》，张惠东审订，黄泗昕译，华中科技大学出版社 2019 年版，第 223 页。

1. 医疗水平内涵的界定

在域外，对医疗水平标准内涵的界定往往也采用抽象的方式。在进行界定时，表述的用语也都不尽相同，不过学者们倾向于使用普通医务人员所具有的水平来界定医疗水平的概念，平均医务人员的水平受到一定质疑。不过，学者们对弃用平均医务人员的水平的理由是不够充分的，平均医务人员的水平用语是否就表明有太多医务人员达不到这种平均水平呢？本书认为，对于医疗水平实现同质化的国家，即使用平均医务人员的水平也不会导致太多医务人员无法达到，对于医疗水平不平衡的国家，平均医务人员的水平确实有可能会使太多医务人员无法达到。

2. 判例对医疗水平标准形成和发展的影响

判例对域外医疗水平标准内涵的形成和发展过程发挥了一定的作用，判例中的基本主旨丰富和完善了医疗水平标准的内涵。在这一点上，无论是日本还是英国和美国都是如此。我国医疗纠纷案件数量众多，医务人员被认定为有过失者也不在少数，学界应注重对判例进行收集和整理，从而对医疗水平的内涵有着更为直观和清晰的认知。

3. 医疗水平标准的内容

医疗水平标准的内容中，不仅通过应具有一定的专业能力为医务人员配置注意义务，还应通过一般理性人的标准为医务人员配置注意义务，后者具体体现在两个层面：第一，通过汉德公式在医疗过失的判定中发挥一定的作用。这种做法要求判定医疗过失时，考虑损害或风险的概率与防范损害或风险发生的成本。损害越严重，越要求采取某种医疗措施。发生风险的概率越低，越不要求采取某种医疗措施。预防成本越高，越不要求采取一定的医疗措施；预防成本越低，越要求采取一定的医疗措施。这种情况表明医疗行业并不是法外之地，不能完全依赖行业习惯决定是否存在过失，决定是否有医疗过失的机构则只能是法院，这样一来，会促使医疗机构提升自身的医疗品质，实施更加科学、合理的医疗行为。第二，某些案件中，当医疗水平难以确定时，此时应运用过失的一般判定标准——理性人标准进行判定。如果医务人员的医疗行为不符合理性人的标准，就有过失。

二、医疗水平标准内涵的解析

（一）医疗水平标准内涵的界定

本书认为，应将医疗水平标准内涵界定为普通医务人员所具有的水平。具体从以下几个层面进行分析：

1. 基于医疗水平概念的分析

虽然普通医务人员所具有的水平仍属于抽象用语，但相较其他用语而言，较为通俗、容易理解。本书在写作过程中曾对一些医务人员进行调研，这些医务人员对"普通医务人员"的说法还是基本能认识清楚的。

对于"合格医务人员的专业水平"而言，我国国家卫健委发布的政策文件中有"合格医师"的称谓。该文件是在 2013 年开始的新一轮住院医师规范化培训正式启动时发布的，该培训制度的目标是培养合格医师。为了实现培训的目标，我国相关部门还制定了相应的培训内容和考核标准，只有参加培训和通过考核的学员才能被认定为合格医师。本书认为，"合格医务人员的医疗水平"的说法容易让人产生误解，误以为医疗水平是指医务人员在通过职业资格考试、申请注册、获得有关部门批准等一系列程序后开始执业的医疗水平。

"平均医务人员具有的水平"的说法也有一定的问题，本书赞同前文美国学者指出的"平均水平是极难定义的一个概念"。本书认为，虽然"平均"一词的使用未必会导致太多医务人员达不到平均医疗水平的状况，但该词的使用确实会给实践中医疗水平的衡量造成困扰，相较普通医务人员的水平而言，平均医务人员的水平更抽象。这一点已经有英国学者指出，"平均水平"在个案中缺乏可操作性，是派不上用场的。

　　和普通医务人员所具有的水平相比，学者们为医疗水平标准内涵作出的其他界定，要么缺乏明确的参照对象，如将医疗水平标准内涵定义为通常所应有的谨慎、技能与能力，要么更加抽象，更不容易把握，如将医疗水平标准内涵界定为医疗行为的适格之人所具备的通常、合理的医疗水平。

　　此外，普通医务人员所具有的水平适用于全部医务人员。不能因为医务人员是新手或经验不足而为其设定特殊的标准，具体理由如下：其一，设定特殊标准不符合患者的合理期待。人们到医疗机构就医都有着合理的期待，即期待为其实施医疗行为的医务人员具有与其他医务人员同样的专业知识和技能，如果达不到其他医务人员所掌握的专业知识和技能的程度，他们就不能为患者实施医疗行为。其二，设定特殊标准不利于新手或经验不足的医务人员提高医疗水平。要求这些医务人员具有与其他医务人员同样的知识和技能，会促使他们发愤图强，努力提高自身的医疗水平。如果为他们设置特殊的低标准，则他们就会缺乏动力和责任心去提高自身的医疗水平，这样一来，他们自身的医疗水平提高得就慢了。其三，基于侵权责任和违约责任的不同，也不能为医疗水平不同的医务人员设置不同的注意义务。在违约责任层面，如果医疗机构与患者有特别的约定（如协和医院的特约门诊服务），则可以设置较高的注意义务，达不到这种标准，就应承担违约责任；在侵权责任层面，由于主要来源是法定义务，因此应以社会整体发展水平为注意义务配置标准。

　　2. 基于医务人员注意义务的程度分析

　　我国学者在界定医疗水平时，多数学者使用"高度注意义务"一词。如梁慧星教授认为，医务人员的一般注意义务，称为"专家的高度注意义务"。[1]杨立新教授也认为，医疗机构和医务人员在医疗活动中承担高度注意义

---

〔1〕　梁慧星："论《侵权责任法》中的医疗损害责任"，载《法商研究》2010 年第 6 期。

务。[1]在司法实践中，也有不少法官认为，医务人员负有高度注意义务。

本书认为，我国在为医务人员配置注意义务时，不使用高度注意义务的用语。第一，"高度注意义务"一词边界不清，无法使医务人员正确确定自身的注意义务，医务人员会因承担的责任过重而采取保守医疗的措施，这样的话，不仅不利于医疗事业的健康发展，还不利于保护患者的合法权益。用普通医务人员通常应具有的水平来要求医务人员，不仅对医务人员来说具有可操作性，而且，多数情况下不会对患者的利益造成损害，毕竟，医疗水平的确定也是全行业考虑患者利益形成共识的结果。第二，用高度注意义务代替普通医务人员应具有的合理注意义务可能会导致外行干涉内行，很多符合医学规律的做法被判定为有过失，对医疗事业的健康发展产生不利影响。判定医疗过失应尽量尊重医学规律，毕竟掌握医学知识的是医学专家，而不是法官。[2]第三，使用高度注意义务与《民法典》侵权责任编现有的规范体系存在冲突。我国《民法典》侵权责任编中，只有一个条文使用了"高度注意义务"一词，这个条文是该编第八章第1242条。《民法典》第1165条是对过错责任原则的规定，立法部门在对该条文进行解释时，认为过失是对一般性注意义务的违反，因此，医务人员负有的是合理的注意义务，而不是高度注意义务。[3]不难看出，高度注意义务与《民法典》规范体系是存在冲突的。

基于上述原因，我国应给医务人员配置的是合理的注意义务。一方面，有利于我国医疗事业的健康发展。通过给医务人员配置合理的注意义务，能为医务人员提供相对宽松的价值指引，为医疗事业的健康发展提供一个良好的外部环境。另一方面，在不会给医务人员带来沉重的精神负担

---

[1] 杨立新：《侵权责任法》，法律出版社 2018 年版，第 266 页。

[2] ［英］马克·施陶赫：《英国与德国的医疗过失法比较研究》，唐超译，法律出版社 2012 年版，第 72 页。

[3] 黄薇主编：《中华人民共和国民法典侵权责任编解读》，中国法制出版社 2020 年版，第 9 页。

和经济负担，防止其采取防御医疗的消极措施的同时，又有利于法官在具体案件的裁判中能够理性判定医务人员的医疗行为是否有过失。

（二）医疗水平标准的具体内容

在将医疗水平标准的内涵确定为"普通医务人员通常所具有的水平"之后，由于其本身仍具有一定的抽象性，因此，还需要再对"普通医务人员所具有的水平"进行具体解释，才能更容易理解其内涵。

1. 应具有普通医务人员所具备的专业知识和专业技能

医疗水平内涵的第一项内容是要具有普通医务人员所应具备的专业知识和专业技能。普通医务人员的专业知识和专业技能也并非完全等同于某地区医务人员的专业知识和专业技能，如果该地区医务人员的专业知识和专业技能都不高，即使达到地区的一般水平，也不能认定为其具有普通医务人员通常具有的专业知识和专业技能。这一点也是医疗水平标准的历史演进所带给我们的启示。此处试举一例以作说明：如一级高血压患者往往不服用降压药物，而是先采取改善生活方式的治疗方式，其中有规律的运动就是治疗方式之一。按照诊疗规范的要求，除患有严重心血管疾病等疾病外，运动强度应达到中等强度。但如果某地区医师们仅向一级高血压患者告知运动的治疗方式，却未对运动强度作出说明，那么即使该医师达到该地区医师的通常水平，也不能认为其具有普通医师通常的专业知识和专业技能。

我国不同地区的医务人员所掌握的专业知识和专业技能的水平不同，不能对他们采取相同的标准。不过在这个问题上要纠正两种错误认识：第一种是不能因为落后地区医疗不发达，就无限制降低这些地区医务人员对患者的注意义务，应该达到的能力和水平必须要达到。第二种是不能按照发达地区的专业知识和专业技能来要求不发达地区的医务人员，因为我国还尚未实现医疗行为同质化。

普通医务人员所具有的专业知识和专业技能包括对新知识、新技术和新方法的追踪。在司法实践中，常常有医务人员对新知识和临床新技术不了解而被认定为具有过失，[1]此处试举一例以作说明。近年来已经有病毒唑引发急性过敏反应的报道，病毒唑如果引起过敏反应，则来势凶猛，变化迅速，危及患者生命，但某镇卫生院在给患者使用病毒唑之前，未询问患者是否有过敏史，也未进行临床密切观察，因此具有医疗过失。[2]。当然，并不是说自新知识、新技术和新方法产生时起，医务人员未对其加以运用就会判定为有过失，由于我国医疗水平标准采取的是相对说，因此关于何时未使用新知识、新技术和新方法才不会构成过失，应结合医疗机构的规模、性质和所在的地域等因素来确定。

在衡量医疗水平的因素中应列入新知识、新技术和新方法，具体原因体现在如下方面：第一，医疗水平说的历史沿革带来的启示。在日本医疗水平说的形成过程中有诸多的判例，日本的一系列早产儿视网膜病变案启示人们医师有钻研义务，应紧跟新知识、新技术和新方法。[3]这些案例仅仅涉及医师，但实际上其他医务人员也理应如此，同样应该紧跟新知识、新技术和新方法。如果医务人员没有紧跟新知识、新技术和新方法，仍用落后的治疗方法进行治疗，则会使得医疗水平标准和医疗惯例标准没有区别，而医疗惯例标准早已经是被抛弃的标准了。第二，我国对医务人员的执业要求和法律要求。医学的发展日新月异，医务人员作为专业人士应密切跟踪各自领域内的新知识、新技术和新方法来提高自身医疗水平。学习新知识和掌握新技能和新方法不但是医务人员从事医疗工作的基本要求，[4]而且还是我国现行法律的要求，如《护士条例》第 24 条第 2 款规定，护士注重新知识和新技术的运用。《医师法》第 23 条第 4 项规定，医师要努

---

〔1〕 王岳主编：《医事法》，对外经济贸易大学出版社 2013 年版，第 104 页。

〔2〕 司法部司法鉴定科学技术研究所、上海市法医学重点实验室编著：《医疗纠纷的鉴定与防范》，科学出版社 2015 年版，第 299 页。

〔3〕 廖建瑜："医疗水准与医疗惯行之注意义务"，载《月旦医事法报告》2017 年第 8 期。

〔4〕 马建辉、闻德亮主编：《医学导论》，人民卫生出版社 2013 年版，第 91~98 页。

力钻研义务、更新知识。

在论述普通医务人员的专业知识和专业技能时，还要强调对临床思维的掌握。临床思维是指医师在长期的临床实践中逐渐形成的思维，其包括的内容很多，如临床诊断思维、临床治疗思维等。我国很多学者编写的书籍中都有对临床思维的介绍。[1]之所以在论述普通医务人员的专业知识和专业技能时强调临床思维，具体理由如下：第一，在医学层面，临床操作能力和临床思维是不一样的，不能只考虑临床操作能力。我国国家卫健委发布的《住院医师规范化培训内容与标准（试行）》的"专业能力"中将"基本技能"与"临床思维"并列，我国很多学者在对医务人员的专业技能分析中也都将临床思维和临床操作能力并列。[2]第二，在司法实践层面，临床思维不正确是医疗过失的原因之一，有学者指出，在医疗过失的发生原因中，既有违反诊疗规范的情形，也有临床思维错误的情形。[3]有学者还对临床诊断失误的原因进行剖析，认为临床思维不正确是诊断失误的原因之一。[4]基于此，在分析普通医务人员的专业知识和专业技能时，应强调临床思维。

2. 应达到理性人标准的要求

丰富医疗水平的内涵，除前面的要求外，医疗水平的内涵还应包括应达到理性人标准的要求。

（1）医务人员应达到理性人的标准之缘由。

按照学者们的见解，理性人标准只适用于通常情形下注意义务的配置，当涉及特定的行业和职业，往往采用更高的标准来配置注意义务，即

---

〔1〕　马建辉、闻德亮主编：《医学导论》，人民卫生出版社 2013 年版，第 144~146 页。

〔2〕　郑建中主编：《临床医学导论》，中国医药科技出版社 2016 年版，第 76 页；张学兰等主编：《现代临床妇产科学与儿科学》，科技文献出版社 2014 年版，第 357~358 页。

〔3〕　马俊等："某综合性三级医院医疗纠纷产生原因及对策研究"，载《江苏卫生事业管理》2016 年第 4 期。

〔4〕　张学兰等主编：《现代临床妇产科学与儿科学》，科学技术文献出版社 2014 年版，第 357~358 页。

专业人士的标准。[1]本书认为，专业人士的标准并不能完全代替理性人的标准，普通医务人员通常所具有的水平，不但包括通常所具有的专业知识和专业技能，而且还包括达到理性人的标准。具体理由如下：

第一，消除医务人员的职业特征，将医务人员作为一个人而存在的，属于社会共同体的成员之一。既然如此，他们就应具备一般情形中理性人的能力，在从事医疗行为时除达到专业知识和专业技能的要求外，还应达到理性人的行为标准。要求医务人员达到理性人的行为标准，是否会使医务人员负担的义务过重而对其不公平呢？本书持否定态度，医务人员面对的是患者的生命和健康，生命权和健康权是最为重要的两种人格利益，为医务人员配置一定程度的注意义务，不会导致医患双方利益失衡。同时，作为专业人士，如果连通常情况下理性人的行为标准都无法达到，这是说不过去的。

第二，即使医务人员按照普通医务人员所具备的专业知识和专业技能从事医疗行为，有时仍然可能会给患者带来危险或损害。这种情况下，为了维护患者的最大利益，应通过一般理性人的标准为医务人员配置注意义务。日本札幌地方法院的一个判例指出："医疗领域中的行为是在特定集团中被反复、持续性实施的定型性行为，……在考虑实施这类行为过程中是否怠于尽到注意义务时，必须要考虑此集团内部一直以来无疑会得到遵从的常规。除非遵从常规在社会一般人看来明显不当，或者不符合常识，或者有危险性，……否则，可以认为遵从常规就是尽到了标准的注意义务"[2]，从这个判例中不难看出，有些时候，仅通过普通医务人员应有的专业知识和专业技能为医务人员配置注意义务仍是不够的，还需要借助于一般理性人的标准再为医务人员配置注意义务，才能维护患者的最大

---

〔1〕张新宝：《侵权责任法》，中国人民大学出版社 2016 年版，第 37~38 页。

〔2〕于佳佳："论医疗过失的判断标准——解读《侵权责任法》第 57 条对医疗上注意义务的规定"，载《中南大学学报（社会科学版）》2016 年第 3 期。

利益。

（2）理性人标准的具体内容。

理性人标准的具体内容涉及这种标准与普通医务人员具有的专业知识和专业技能的关系。本书认为，我国应将两者有机结合，发挥理性人标准的补充和监督作用，下面对此分别进行论述：

理性人标准的补充作用体现在当个案中当时的医疗水平难以落实时，可以在理性人标准的指引下实施医疗行为。理性人发挥补充作用的主要手段是可预见性和可避免性。在通常情形下，理性人的行为标准体现在对患者的损害的可预见上。如果从理性人的视角看，医务人员无法预见到会给患者造成损害，就不能为医务人员配置这种注意义务。[1]在可预见性上，其往往和损害的严重性发生联系，即使可预见程度很低，但如果给患者造成的损害后果很严重，也应该属于可预见的范畴。如果从理性人的视角看，医务人员能够预见到会给患者造成损害，则应当事先采取预防措施，避免损害的发生，否则就可能会被认为违反注意义务。虽然能预见到损害后果，却无法采取避免措施，此时在理性人的行为标准层面，不能为医务人员配置注意义务。如就青霉素过敏而言，有极少数患者对过敏试验中微量的青霉素也会发生过敏反应，甚至有可能导致严重的后果，这种情况下，如果医疗机构按照手术室的标准配备抢救条件，就会避免损害后果的发生，但实践中，绝大多数医疗机构明知这些情形，却怠于按照手术室标准配备抢救措施，这就是未尽到理性人的一般标准，应认定为存在医疗过失。至于是否要考虑公共政策，前文已述，学者在关于过失的判定是否考虑公共政策的问题上存在不同的意见，本书认为，公共政策范围十分广泛，无法作出统一的回答，只能根据公共政策的具体种类进行分析。不过，对于公共政策中的损失分配因素、是否有救济渠道因素都不能考虑。损失分配因素主要是指哪一方承担责任能力更强，注意义务的配置就会向

---

〔1〕　Michael A. Jones, Medical Negligence, London: Sweet & Maxwell, 2003, p.438.

其倾斜，是否有救济渠道因素是指当原告没有其他的救济渠道时，被告更倾向于被判定为有过失，[1]这两种因素的考量往往会加重医疗机构的责任，且与我国现行法存在冲突。至于公共政策中的过度防御因素也无需考虑，因为我国现行法已经在制定医疗过失判定时明确了利益平衡的价值取向。医患关系中涉及三个方面的利益，即患者的个体利益、医疗机构的个体利益和国家医疗事业健康发展的利益。在这个利益群中，前两者都是个体利益，后者则是一个整体利益，涉及全部患者。我国曾经在医患纠纷中采取举证责任倒置规则，加重医疗机构的举证责任，但从2009年《侵权责任法》颁布时起，我国立法就作出调整，将利益平衡确立为医疗过失判定时的价值取向。

理性人标准的监督作用体现在当医务人员运用普通医务人员具备的专业知识和专业技能实施医疗行为时，应通过损害发生的概率、风险的大小与预防损害或风险发生的成本等因素对医疗行为进行监督和审视。如果一旦发现医务人员实施的医疗行为有不合理的情形，则这种医疗行为就会被认定为与医疗水平不符。不过需要说明的是，不能以理性人的标准对医务人员的医疗行为进行过度干预，否则就会出现外行干预内行的问题，医疗问题最终还是要靠医疗本身来解决。有学者也认为，在用理性人行为标准评判医务人员的过失时，应谨慎为上，毕竟掌握着相关知识的是医学专家，而非法官。[2]从域外的经验看，对医务人员的医疗行为进行遭受损害或风险的可能性与预防成本的审视是比较慎重的，只有在逻辑上完全站不住脚或有较大的不合理时，才会认为其医疗行为不符合医疗水平。我国在运用理性人标准进行损害或风险的评估时，也应采取谨慎的态度，只有在逻辑上存在较大问题或不合理时，才能认定其医疗行为不符合医疗水平。

---

〔1〕 胡雪梅：《英国侵权法》，中国政法大学出版社2008年版，第67~68页。

〔2〕 ［英］马克·施陶赫：《英国与德国的医疗过失法比较研究》，唐超译，法律出版社2012年版，第72页。

第四节　医疗水平标准实现的立法调整

一、《民法典》之外的实体法：医疗水平标准的配置

由于《民法典》规定的是医疗水平标准，而其他法律规定的是医务人员从事医疗行为要符合医疗和卫生方面的法律和技术规范，导致医疗过失的判定标准出现冲突。本书建议，应在《民法典》之外的实体法层面采取如下措施，才能使医疗水平标准在实体法层面真正实现。

（一）《民法典》之外涉及医务人员执业的法律中应规定医疗水平标准

在综合性法律层面，今后再制定或修订医务人员执业有关的法律时，都应该规定医疗水平标准，不能再仅仅规定医务人员遵守诊疗规范。我国医疗方面的法律中有三部非常重要的综合法律规范，这三部法律规范如果作出修改，应特别注意增加医疗水平标准的规定。这三部法律是《医疗质量管理办法》《预防和处理条例》和《基本医疗卫生与健康促进法》。这三部法律规范具有如下特点：第一，内容较为新颖。这几部法律规范都是2016年以后颁布的，能够体现出最近几年我国医疗行业立法的新思想、新观念和新潮流。尤其是2019年12月通过的《基本医疗卫生与健康促进法》体现得更加明显。第二，是从顶层设计层面作出的新规定。今后再制定或修订相关其他法律都应该遵循这些法律的精神和理念。第三，这三部法律都规定了执业的基本规则，只是在具体表述上有一定差别。

在单行法层面，《医师法》于2022年3月1日起施行。从该法第23条规定的内容看，有关医师执业规范的规定并没有进行修改，仍然要求医师遵循诊疗规范。由于在医务人员中，医师在医疗行为的实施中占据主导作用，因此，应对医师的执业规范予以重视。本书认为，全国人大常委会未来应对第23条进行修改，规定医疗水平标准。具体条文可以表述为：医师在执业活动中履行下列义务……遵守法律、法规，尽到当时的医疗水平……

提出这种修改建议的理由如下：第一，尽到当时的医疗水平一语源于《民法典》的规定。自 2009 年《侵权责任法》时期就开始使用并被人们所熟悉，因此可以在立法中继续使用这个用语。《民法典》第 1221 条中"尽到当时的医疗水平"修饰的是诊疗义务，由于本法第 23 条中已经有"义务"一词，因此，不需要在尽到当时的医疗水平之后，再添加"诊疗义务"一词。第二，"尽到当时的医疗水平"一语排在遵守法律、法规之后，强化了医师在实施医疗行为时达到医疗水平标准的义务。该法第 23 条将尽到当时的医疗水平规定为医师的义务后，不仅与《民法典》第 1221 条规定的过失判定标准相呼应，而且将其与遵循诊疗规范并列规定后，使得医疗水平标准在该法中得以落实。

当然，与医务人员执业有关的法律在规定医疗水平标准时不能绝对化，如 2018 年颁布实施的《医疗技术临床应用管理办法》主要规范的是医疗技术应用于临床的管理、控制和监督等环节。虽然这部法律的一些规定会被医疗水平标准的内涵所吸收，违反这部法律也会构成医疗过失，进而承担赔偿责任，[1]但这部法律并不是要确立一种基本的执业规则，只是对医疗技术的临床应用作出规定，因此没有必要在该法中规定医疗水平标准。

（二）《民法典》之外涉及医务人员执业的法律中应慎重规定民事责任

目前，《民法典》之外涉及医务人员执业的实体法中绝大部分都没有规定民事责任，只有《基本医疗卫生与健康促进法》第 106 条规定了民事责任。

本书认为，我国《民法典》之外的有关医务人员执业的法律应慎重规定民事责任，具体而言：第一，这些法律原则上不应再规定民事责任。我国《民法典》第 1221 条已经在民事基本法层面对医疗过失的民事责任作出规定，其他法律就不应该再规定医疗过失的民事责任。因为这些法律中

---

〔1〕 刘鑫、张宝珠主编：《医疗纠纷预防和处理条例理解与适用》，中国法制出版社 2018 年版，第 144~145 页。

都规定了医务人员要遵守诊疗规范，如果再规定民事责任，就会造成违反诊疗规范应当承担民事责任的后果，这样的话，仍然不能使医疗水平成为医疗过失判定的唯一标准。第二，如果在这些法律中要规定民事责任，则必须慎重。根据前文的建议，在这些法律中应规定医疗水平标准，如果在这些法律中再规定民事责任，就应该避免民事责任的条文与医务人员遵守诊疗规范的条文发生对接，因为一旦发生对接，将会使违反诊疗规范成为医疗过失的判定标准。本书认为，在这种情况下，应将医疗水平标准的条文与民事责任的条文进行对接，这样一来，就使违反当时的医疗水平成为医疗过失的判断根据了。

二、程序法：医疗水平标准的落实

为了落实医疗水平标准，我国还应对相关的程序法进行修改，以实现程序法和实体法规范之间的有效衔接。具体体现在两个方面：

（一）诉前医疗过失鉴定层面

在诉前医疗过失鉴定层面，由于征求意见稿第 28 条已经规定了医疗水平标准，因此，在诉前医疗过失鉴定层面，只要该征求意见稿能及时颁布实施，就能使医疗水平标准在程序法中得到落实。即使该征求意见稿不能及时出台，医疗过失鉴定部门也应在鉴定中应用医疗水平标准，因为程序法负有与实体法衔接得当和落实实体法规定的使命。

（二）诉讼中医疗过失鉴定层面

在诉讼中的医疗过失鉴定层面，应对《鉴定办法》第 4 条、第 35 条第 1 款第 4 项进行修改。具体修改内容如下：《鉴定办法》第 4 条应修改为，医学会组织专家鉴定组，依照医疗卫生管理法律、行政法规、部门规章、诊疗护理技术操作规范、诊疗常规、当时当地的医疗水平，运用医学科学原理和专业知识，独立进行医疗事故技术鉴定。《鉴定办法》第 35 条第 1 款第 4 项应修改为医疗行为是否尽到当时当地的医疗水平。

至于医疗损害鉴定中司法鉴定机构开展医疗过失的鉴定，由于我国现行法中规范医疗过失鉴定中鉴定活动的法律较少，只有《鉴定通则》第23条对鉴定的依据作出规定，但该规定又是从通则的角度进行规范，涉及全部司法鉴定活动，因此也不宜在该法中规定医疗水平标准。鉴于此，本书认为，司法部应针对医疗诉讼制定专门的鉴定管理办法，并在该办法中规定医疗水平标准。

如果应该制定的法律顺利颁布，应该修改的法律又顺利修改，则下一步的工作就是认真贯彻和落实这些法律了。

第五节　医疗水平标准实现的司法路径

为了使抽象的医疗水平标准能够得到有效落实，在司法层面也应当采取一定的措施。在司法层面，本书认为可以按照以下两个路径来进行：第一个路径是对衡量医疗水平的因素进行完善，另一个路径是在个案中加强医疗水平标准的运用。

一、司法解释：衡量医疗水平因素的完善

本书认为，应对《医疗解释》中规定的衡量医疗水平的因素进行重新审视和完善。

（一）医疗机构及医务人员的资质

1. 医疗机构的资质

我国大部分学者认为衡量医疗水平时应考虑医疗机构的资质因素。在《民法典》立法过程中，立法部门明确表示，衡量医疗水平不能考虑医疗机构的资质因素。[1]但《医疗解释》第16条规定，认定医疗过失，可以

---

[1]　黄薇主编：《中华人民共和国民法典侵权责任编解读》，中国法制出版社2020年版，第211页。

综合考虑医疗机构的资质。从比较法的角度看，许多国家按照医疗机构的规模、功能、技术设备等因素将医疗机构分成不同的等级，并认可它们具有不同的医疗水平。[1]我国《实施细则》第 3 条对医疗机构的类别作出规定，医疗机构的类别共计分为 14 种。《医院分级管理办法》将我国医疗机构分为三个等级，其中三级医院是跨地区、省、市和全国范围内提供医疗服务的医疗机构。二级医院是地区性的医疗预防中心，即跨几个社区的地区性医院。一级医院是初级卫生保健机构，直接为社区提供医疗、预防等综合服务。一级医院以下是个人诊所。

由于我国长期以来医疗资源发展不平衡，资质更高的医疗机构往往能够获得更多的财政支持和优质的人力资源，这些医疗机构都具有先进的医疗设备，它们的医务人员也具有非常多的对外交流的机会，所以它们具有很高的医疗水平。而低级别的医疗机构则往往陷入"财荒"和"人荒"的境地，医疗设备更新较慢，对外交流的机会为数不多，因此，这些医疗机构的医疗水平相对较低。在认定医务人员的过失时，不能用较高资质的医疗机构的医疗水平标准去衡量较低资质的医疗机构的医务人员的行为是否存在过失。当然也不能用较低资质的医疗机构的医疗标准去衡量较高资质的医疗机构的医务人员的诊疗行为是否存在过失，因为这无异于降低较高资质的医疗机构的医疗水准，对患者疾病的治疗殊为不利。

是不是同一资质的医疗机构的医务人员必须绝对遵循同一医疗标准呢？答案是否定的。一方面，我国很多医疗机构为了能吸引广大患者前来就医，往往都重点发展本机构的具有竞争力的专科（如北京协和医院的免疫科，北京同仁医院的眼科等），这些医疗机构的特色专科在本地区乃至全国都具有非常大的影响力，它们的医疗水准是同地区同资质的医疗机构无法比拟的。另一方面，同是三级甲等医院，但教学医院的医疗水平要比

---

〔1〕 古津贤、强美英主编：《医事法学》，北京大学出版社 2011 年版，第 246 页；曾见："论'当时的医疗水平'的解释——《侵权责任法》第 57 条与《德国民法典》第 630a 条的比较"，载《中国卫生事业管理》2015 年第 3 期。

非教学医院的医疗水平高。从比较法看，有的国家也是要求教学医院的医师应当承担更高的注意义务，因为这些医师在其所在领域具有更高的医学水平。[1]

综上所述，本书认为，在衡量医疗水平时考虑医疗机构的资质因素是符合我国目前的现实状况的。

2. 医务人员的资质

学者们主张考虑医务人员的资质因素，是就医师层面而言的。医务人员的资质主要是指全科医师和专科医师之分，有时也指专科医师是否超出诊疗科目范围从事医疗行为。目前，在我国，全科医师和专科医师之分已经在实践中展开。到 2018 年底，我国培训合格的全科医生已经达到 30.9万人。[2] 2009 年《侵权责任法》制定之前，我国有学者认为在衡量医疗水平时，应考虑医务人员的资质。[3]《侵权责任法》（草案）曾规定，确定医务人员的注意义务，应考虑医务人员的资质，但是立法部门认为诊疗行为具有复杂性，不能一概而论，因此，2009 年《侵权责任法》在规定医疗过失的判定标准时，没有规定要考虑医务人员的资质。《医疗解释》第 16 条则规定，医疗过失的认定可以考虑医务人员的资质因素。《民法典》立法过程中，立法部门未对是否要考虑医务人员的资质因素明确表态。[4]

本书认为，衡量医疗水平时，应考虑医务人员的资质因素。首先，我国对全科医师和专科医师是有一定区分的，不能用同一标准要求这两类医师。与专科医师相比，全科医师的知识面要宽于专科医师，但专业知识的

---

〔1〕 曾见："论'当时的医疗水平'的解释——《侵权责任法》第 57 条与《德国民法典》第 630a 条的比较"，载《中国卫生事业管理》2015 年第 3 期。

〔2〕 "关于政协十三届全国委员会第二次会议第 0565 号（医疗体育类 069 号）提案答复的函"，载 http://www.nhc.gov.cn/wjw/tia/202008/bfb7e60061234293b66f62f7e0b68cd9.shtml。

〔3〕 杨立新："《最高人民法院关于审理医疗损害责任纠纷案件适用法律若干问题的解释》条文释评"，载《法律适用》2018 年第 1 期。

〔4〕 黄薇主编：《中华人民共和国民法典侵权责任编解读》，中国法制出版社 2020 年版，第 211 页。

掌握程度不如专科医师。[1]2011 年《国务院关于建立全科医生制度的指导意见》将全科医师定位于服务基层的"居民健康守门人",对全科医师的能力要求是具备临床基本能力,很显然,对全科医师的定位和能力的要求与专科医师的要求是截然不同的。其次,专科医师超出诊疗科目范围从事医疗行为与未超出诊疗科目从事诊疗行为也不应该作同一要求,前者的注意义务低,后者的注意义务高。我国司法实践中有这样的判例,在"宋小妹等与南京脑科医院等医疗损害责任纠纷案"中,法院指出,南京脑科医院诊治姜平安消化道疾病的注意义务,虽然不能以消化科医师的专业水准为标准,但应以一般医生的注意能力为标准。[2]

(二) 地域因素

1. 衡量医疗水平时考虑地域因素的缘由

2009 年《侵权责任法》颁布后,学者对医疗水平的衡量是否受地域因素的影响存在一定的争议,王利明教授认为,我国侵权法采用的是全国统一的医疗过失认定标准,[3]法学界的多数学者认为医务人员过失的认定应考虑地域因素。[4]《医疗解释》第 16 条规定,认定医疗过失,可以综合考虑当地的医疗水平因素。《民法典》颁布以后,立法部门对确定医疗水平时是否考虑地域因素,明确表示法律和操作规定应普遍遵守,不应考虑地域因素。[5]本书认为,确定医疗水平标准时应考虑地域因素,具体理由如下:我国幅员辽阔,各地经济社会发展不平衡,医务人员的诊疗水平取决于他们的临床经验、学历层次、医疗设备的先进程度等因素,农村和县级医疗机构的医疗水平都无法与城市的医疗机构的医疗水平相比,同理,中

---

〔1〕 和水祥、黄钢主编:《临床医学导论》,人民卫生出版社 2016 年版,第 20 页。

〔2〕 程啸:《侵权责任法》,法律出版社 2015 年版,第 563 页。

〔3〕 王利明:《侵权责任法研究(下卷)》,中国人民大学出版社 2016 年版,第 378 页、第 397 页。

〔4〕 廖焕国:"论医疗过错的认定——以医疗损害侵权责任的理解与适用为视点",载《政治与法律》2010 年第 5 期。

〔5〕 黄薇主编:《中华人民共和国民法典侵权责任编解读》,中国法制出版社 2020 年版,第 211 页。

部、西部地区的医务人员的医疗水平较之东部地区的医疗水平也有一定的差距。尽管现代社会交通便利、通讯设施也极为发达、医学技能规范化培训日益增多，不同地域间的医疗水平差异在缩小，但由于制约医务人员医疗水平的因素非常多，因此医疗水平的地域差异的现象短时间内还是难以改善。我国国家卫生主管部门也对我国医疗水平的地域差异给予了确认。2014 年，国家卫生计生委副主任指出，我国经济发展不平衡，医疗水平也不平衡。[1]在医疗水平不平衡方面，有一个较为典型的事例。我国近几年一直在制定或修订高血压诊疗规范，但该规范难以完全适用于条件较为落后的基层，因此，国家卫健委又专门制定了适用于基层的《基层高血压病防治管理指南》。[2]

当然，不同地域有不同的医疗水平，并不是说医疗水平发达的地区和医疗水平落后的地区在任何情况下都不相同，因为有些医疗技术操作不应该有地域之分。

2. 地域因素考量的方式

如何考虑地域因素是一个难度很大的问题。当地的医疗水平是一个具有价值属性的用语，而不是一个纯粹事实状态的描述，考虑地域因素时既不能脱离社会现实，又不能一味地安于现状。本书认为，我国应将地域因素确定在省一级，即省内每一级医疗机构应遵循同一医疗水平标准，具体分析如下：第一，从各地医疗机构的医疗水平状况看，我国东部、中部和西部的医疗机构水平各不相同。在 2019 年异地就医的统计数据中，患者流出比例排名前五的省基本都是在我国西部，患者流入地排名前五的都是在东部。[3]我国各个省的医疗水平状况也参差不齐，有的省的医疗机构的医

---

〔1〕 "国务院政策吹风会：2014 新农合医疗进展及近期国务院常务会议相关政策文字实录（节选）"，载 http://www.nhc.gov.cn/xcs/s3574/201502/a5d04ec5f9b24d71ab55401c47815fbb.shtml。

〔2〕 "国家卫生计生委 2017 年 11 月 10 日新闻发布会文字实录"，载 http://www.nhc.gov.cn/wjw/xwdt/201711/6a9007b7754a477a8109fd572853b02a.shtml。

〔3〕 "国家卫生健康委员会 2020 年 10 月 16 日例行新闻发布会文字实录"，载 http://www.nhc.gov.cn/xcs/s3574/202010/e9b313092c724ed3a6e5d0ccea510d5b.shtml。

疗水平较高，有的省的医疗机构的医疗水平则较低。我国学者在对各省医疗水平的现状进行研究后指出，我国各省的医疗水平处于不平衡状态。[1]第二，从各地区的经济社会发展状况、财政状况和医疗资源的配置情况看，根据《基本医疗卫生与健康促进法》第 37 条和第 80 条规定，发展医疗卫生事业是各省的各级政府的职责，医疗卫生的经费也都纳入本级政府的预算，因此，地域因素以省为基准较为合理。第三，从医院等级评审的情况看，根据《医疗机构管理条例》第 41 条的规定，我国实行医院等级评审制度。医院等级评审是评价、监督、保障和提高医疗服务质量的重要举措，它是对医院管理水平、医疗技术水平和服务水平的大检验。由此可见，医院等级评审基本能体现出我国各个医院的医疗水平。根据《医院评审暂行办法》第 5 条的规定，我国医院评审都是由国家卫生健康委制定统一的评审标准，各省可以在此基础上制定适用本省的评审标准，但各省制定的评审标准必须遵循"只升不降"的原则，即只能在国家卫生主管部门制定的评审标准基础上，提高标准，而不能降低标准。既然各省各级各类医院的评审都采纳相同的标准，评审标准又是医院医疗技术水平的检验，因此省内同资质的机构的医疗水平应尽可能地遵循同一标准。

基于上述三个方面的原因，衡量医疗水平中的地域因素应落实在各个省的范围内，即各省内的每一级医疗机构原则上应遵循同一医疗水平标准。

（三）新知识、新技术和新方法的应用

本书认为，新知识、新技术和新方法应列为衡量医疗水平的考虑因素。当然，并不是说新知识、新技术和新方法一旦出现，只要医疗机构未予以采用，就认定医疗行为有过失。这种做法会造成医疗机构的责任过

────────────

〔1〕 辛冲冲等："中国医疗卫生服务供给水平的地区差异及空间收敛性研究"，载《中国人口科学》2020 年第 1 期。

重，不利于医疗事业的健康发展。

鉴于在与绝对说对立的过程中，相对说已经成为通说，我国法律在引入医疗水平标准后，也应采纳相对说。根据地理环境和医疗机构的性质和功能等因素，发达地区的高等级医疗机构应该对新知识、新技术和新方法有更快、更深入的了解和掌握，落后地区的基层医疗机构对新知识、新技术和新方法的了解和掌握则要缓慢得多。

医疗机构的功能对新知识、新技术和新方法的了解和掌握也有一定的影响。在我国，不同类别的医疗机构的功能有所不同：一级医疗机构没有科研任务，二级医疗机构承担一定的科研任务，三级医疗机构则承担要求更高的科研任务。[1]医疗机构承担科研任务的意义是使医务人员及时了解最新的医学动态、发展方向，及时获取最新的医学信息和医疗技术。[2]不难发现，三级医疗机构和二级医疗机构在新知识、新技术和新方法的获取和利用上都应比一级医疗机构的效率更高。

（四）医疗行业有相关政策的实施效果

近年来，我国在医疗行业中制定了很多政策，其中有些政策和各地医疗机构的医疗水平密切相关。基于此，在完善衡量医疗水平的影响因素时，我国还应考虑医疗行业中相关政策的实施效果。

由于医疗行业相关政策在各地的实施状况不尽相同，因此，在判定医疗过失时，应具体考察实施医改政策对当地医疗水平的影响，具体体现在如下方面。第一，在对口支援（帮扶）方面，自2009年以来，我国出台很多政策加强医疗机构对口帮扶工作的管理。目前，医疗对口支援有东西部地区医院之间的省际对口支援、城市医院支援农村医院两种形式。通过对口支援政策的实施，有些贫困地区的县级医院的医疗水平快速提升，截至2019年2月，已有超过400家贫困县医院成为二级甲等医院，30余家贫

---

〔1〕 汪建荣：《中国医疗法》，法律出版社2018年版，第45页。

〔2〕 黄明安、申俊龙主编：《医院管理学》，中国中医药出版社2015年版，第238页。

困县医院达到三级医院医疗服务水平。[1]第二，在分级诊疗方面，近些年，我国不断加强医疗领域的改革，积极推动分级诊疗政策的实施。[2]为早日实现分级诊疗，我国采取多种措施加强县级医院的服务能力建设，也取得了一定的成效，截至 2018 年底，全国 84% 的县级医院达到二级医院水平，22% 的县级医院达到三级医院水平。[3]这说明，随着这两项政策的实施，我国有些地区的县级医院的医疗水平已经不再与所处的地域和资质因素完全匹配了。第三，在医疗联合体方面，我国有关部门出台很多政策推动医疗联合体的建设与发展。这项政策实施后，全国各地的医疗机构开始组建医疗联合体，其中有些医疗联合体的建设是富有成效的。如在上海浦东新区陆家嘴社区卫生服务中心成立的儿童哮喘标准化示范门诊中，所有全科医生都经过了儿科专科医院的培训，市民在这个社区卫生服务中心就可以享受到与专科医院同质化的医疗水平。江苏镇江 2009 年成立的两大医疗集团中既有三甲医院，也有专科医院和社区卫生服务中心，通过采取提升硬件配置、提高管理水平等措施，在医联体内部已经实现医疗水平的同质化。这说明，不同资质的医疗机构的医疗水平也可以实现同质化。随着医疗联合体相关政策的实施，已经使某区域内同资质的医疗机构的医疗水平出现差异化，这种情况下，再仅仅考虑地域因素就不科学了。

基于上述三个方面的原因，应在衡量医疗水平的因素中增加医改政策实施效果。当然，这些政策实施后，有的地区产生了良好的效果，而有的地区则没有产生良好的效果。没产生良好效果的地区就无须再考虑相关政策这一因素了。

综上所述，本书认为，应对《医疗解释》中关于衡量医疗水平因素的

---

〔1〕 "国家卫生健康委员会 2019 年 2 月 13 日例行新闻发布会文字实录"，载 http://www. nhc. gov. cn/xcs/s7847/201902/4f8a39 fc2d92404aba8db0d465ff8ba8. shtml。

〔2〕 何佳馨："新中国医疗保障立法 70 年——以分级诊疗的制度设计与进步为中心"，载《法学》2019 年第 10 期。

〔3〕 "关于政协第十三届全国委员会第二次会议第 1656 号（医疗体育类 187 号）提案答复的函"，载 http://www. nhc. gov. cn/wjw/tia/202009/c1e2dd3149a84cf28bb4a6810a35b82d. shtml。

条文进行完善。具体可以表述为：确定医疗水平，应综合考虑医疗机构的资质、医务人员的资质、地域因素、新技术、新知识和新方法以及医疗改革政策的实施效果等因素。至于衡量医疗水平的因素是否要考虑诊疗规范，本书认为，在确定医疗水平的衡量因素时，不用再规定诊疗规范的因素，因为《民法典》第 1222 条已经对违反诊疗规范的后果进行了规定，更何况，地域因素中常常包含诊疗规范的内容。

二、具体个案：医疗水平标准运用的强化

（一）发布医疗水平标准的指导性案例

近十几年来，我国的案例指导制度一直在不断地探索。2010 年《关于案例指导工作的规定》的颁布，对于我国案例指导制度的构建具有深远影响。至今为止，最高人民法院已经连续发布多批指导性案例。

学界对指导性案例的效力一直存有争议，《关于案例指导工作的规定》第 7 条规定，指导性案例对于类似案件的审判应当具有参照作用。对于"应当参照"的理解，学界有两种不同的观点：一种观点是在具体案件中是否参照由审理案件的法官决定。另一种观点是只要是类似的案件，就应当参照指导性案例。多数学者赞同第二种观点，认为这种观点体现了设立案例指导制度的初衷和目的。[1]

指导性案例对类似案件具有示范效应和约束效应。学界对于"类似案件"的理解有不同的观点。最高人民法院认为，只要基本案情和法律适用相类似的，就属于类似案件。至于争议焦点类似的案件是否属于类似案件，最高人民法院对此予以认可。

目前，最高人民法院发布的指导性案例中并没有医疗过失判定的案例。本书建议，应该选取医疗过失判定的案件作为指导案例进行发布。在

---

〔1〕 邹海林："指导性案例的规范性研究——以涉商事指导性案例为例"，载《清华法学》2017 年第 6 期；刘作翔："中国案例指导制度的最新进展及其问题"，载《东方法学》2015 年第 3 期。

这些案件中，不能直接简单地适用《民法典》第1221条规定的医疗水平标准，而是要对医疗水平标准进行详细的阐释，只有这样才能发挥出指导案例的示范效应。

（二）在裁判文书中强化医疗水平标准的说理

医疗水平属于不确定概念。在法律上，不确定法律概念相对应的是确定法律概念。确定法律概念是指核心意义清楚、外延明确的概念。[1]不确定法律概念往往要经由法律解释的途径才能具体化。《医疗解释》第16条的规定已经使医疗水平这一用语变得具体了一些，但从程度上来讲这还不够，还需要进一步作出解释，才能真正实现医疗水平标准的规范目的。从方法论的角度看，解释不确定概念时，不仅要与具体案件事实相连接，而且还要在裁判文书中加强说理和论证。[2]

从我国以往的判决文书看，对医疗过失的判定思路是法官查明案件事实，然后送交鉴定机构对医疗过失进行鉴定，最后法院直接适用2009年《侵权责任法》第57条作出判决。整个过程中，几乎不对具体案件中医疗水平的发现过程进行描述。这种情况下，法律规定得再完美也无济于事，因为裁判文书的说理功能没有发挥出来，一定程度上影响了法律规范目的的实现。

在涉及医疗水平标准的案件中，强化裁判文书的说理功能有如下重要意义：其一，实现法的规范目的。医疗水平标准是通过一系列重要判决形成的，其内涵较为丰富，并非仅从字面意思就能认识到的。通过加强裁判文书的说理功能，法官能清晰地阐释医疗水平的内涵，从而实现法的规范目的。其二，化解当事人的不良情绪。当事人对于法院的判决未必总是服判，他们会对判决表现出不理解，甚至是不满的情绪。为了使当事人服判，化解不满情绪，法院应加强裁判文书的说理功能，以理服人，让当事

---

[1]　孔祥俊：《法官如何裁判》，中国法制出版社2017年版，第302页。
[2]　王利明：《法学方法论》，中国人民大学出版社2012年版，第472页。

人对判决更加信服。

在涉及医疗水平标准的案件中，法院应结合医疗水平的考虑因素，确定系争案件的医疗水平应处于何种状况，系争案件中医务人员的实际水平是达到了该医疗水平？如果有差距，差距在哪里？并将这些情况体现在判决书中，以加强裁判文书的说理功能。当然，这些内容涉及医疗专业知识，法律专业出身的法官可能不懂。本书认为，一方面，审理医疗过失案件的法官应尽量多地了解医疗专业知识。另一方面，法官应加强与鉴定机构的联系，就医疗水平标准的内涵、衡量医疗水平的考虑因素和系争案件所涉及的应达到的医疗水平等问题进行交流。很多医学会的鉴定人员的法律知识较为欠缺，[1]很多鉴定意见没有理解医疗水平的真正含义，出现了"越位"的现象，即将具体案件中医疗质量不足和未达到医疗水平混同，这种现象不利于法律规范的正确适用。

在审理医疗过失鉴定的案件中，我国法院普遍存在过度依赖医疗鉴定的问题，事实鉴定实为事实认定。为了加强裁判文书的说理功能，法官还应用好专家辅助人制度，该制度的建立，有助于法官能充分听取不同意见，正确了解具体案件中医疗水平的状况和系争案件医务人员实际水平状况等。

---

[1] 陈云良、叶雅儒："对完善我国医疗鉴定制度的一些思考"，载《医学与法学》2017年第3期。

第三章

医疗水平标准的体现：
违反诊疗规范情形医疗过失的判定

这一章要解决的是违反诊疗规范情形的医疗过失的判定问题。在实践中，经常出现医务人员违反诊疗规范的情形，此时应该如何进行过失的判定呢？本章对此进行深入分析。

第一节　违反诊疗规范的确定

对违反诊疗规范情形进行医疗过失的判定时，先要确定的是怎么来判断违反诊疗规范，这一问题不解决，就无法进行医疗过失的判定。

一、诊疗规范的范围之厘定

（一）"诊疗规范"称谓的分析

在分析诊疗规范范围时，先要对"诊疗规范"的称谓进行一下解读。本书通过对我国"诊疗规范"称谓进行梳理，发现我国在诊疗规范的称谓上较为混乱，一方面体现在，学界和现行法对诊疗规范的称谓不同：从国内医学界的用语表述看，常常使用"临床实践指南"，而不是"诊疗规范"一词。而《民法典》第 1222 条第 1 项则沿用了 2009 年《侵权责任法》第 58 条第 1 项中的"诊疗规范"一词。另一方面体现在，《民法典》和其他法律对诊疗规范的称谓也不相同：《民法典》第 1222 条第 1 项中使用的是

"诊疗规范"一词,《事故条例》第 5 条和第 31 条第 2 款第 4 项使用的是"诊疗护理规范"一词,《预防和处理条例》(送审稿)继受了《事故条例》的立法成果,在该送审稿的第 8 条使用的是"诊疗护理规范"一词,最终通过的《预防和处理条例》在规范用语上作出了修改,该法第 9 条使用的是"诊疗相关规范"。

笔者在和一些医师和护士讨论诊疗规范的称谓问题时,他们指出,我国《民法典》第 1222 条第 1 项的这个用语的使用存在一定的缺陷,遗漏了护理规范和其他规范,具体理由如下:从我国医务人员的技术职务的类别看,共计有四类,即医、护、药和技。[1]由于医疗行为主要围绕着诊断和治疗展开,因此这两类诊疗规范的数量最多、范围最广,实践中也最容易发生争议,但这并不表明医疗行为规范只限于诊疗规范一种类型。护理活动与诊疗活动关系密切,护理质量的高低对诊疗活动的效果有很大影响,护理活动也有自身的规律,我国也制定了很多的护理规范,因此,护理规范不能被遗漏。除这两种规范外,我国对另外两类医务人员从事的医疗辅助行为也制定了很多的技术规范,这些技术规范同样不可或缺,因为这些技术规范对于患者疾病的治疗也具有重要作用。

不难看出,不同法律所使用用语的不同以及我国长期以来形成的官方不给出立法理由的习惯,造成了一定的困境,即诊疗规范、诊疗护理规范和诊疗相关规范这三者之间是何种关系?如果这种用语称谓上的混乱不能得到及时解决,将产生如下不良后果:一方面,损害了法律的权威性和公信力。法律规范的用语要严谨、一致。法律与法律之间对同一事项的用语不一致,法律的权威性和公信力就会下降,公众就会对法律的实施产生一定的抵触情绪。另一方面,给医务人员从事医疗行为带来困难。这些用语称谓的不同,会使医务人员不知道该如何遵守法律,其在从事医疗行为时就会产生困惑。

----

[1] 汪建荣:《中国医疗法》,法律出版社 2018 年版,第 97 页。

本书认为，我国应统一使用"诊疗规范"一词。具体理由如下：第一，"诊疗相关规范"和"诊疗护理规范"与《实施细则》第88条第1款中对"诊疗活动"的定义产生矛盾。《预防和处理条例》第9条使用"诊疗相关规范"一词，表明该法是将"诊疗"放在狭义的层面上使用，只包括诊断与治疗两种活动，《事故条例》第5条"诊疗护理规范"一词，也是将"诊疗"放在狭义的层面使用，只包括"诊断""治疗"和"护理"三种活动，而《实施细则》中的"诊疗活动"则是在广义的层面而言的，涵盖一切与诊疗相关的活动。不仅包括医疗活动和护理活动，还包括医疗附属活动和医疗辅助活动。[1]《实施细则》实施后，对诊疗活动的范围也曾发生过争议，上海市卫生局曾就静脉采血进行隐形血栓检测是否属于诊疗活动向当时的卫生部致函，原卫生部在批复中指出，根据《实施细则》对诊疗活动的定义，该检测属于诊疗活动。针对这些法律对"诊疗"范围的不同认识，我国法律应统一"诊疗"一词的范围，鉴于作为民事基本法的《民法典》是从广义角度来使用"诊疗"一词的，因此，我国法律应抛弃狭义层面的"诊疗相关规范"和"诊疗护理规范"用语，而在广义层面使用"诊疗规范"一词。第二，2009年《侵权责任法》颁布后，"诊疗规范"一词已被医学界和法学界有关人士接纳。在医学界，医务人员在进行业务活动时常常将某些操作称为诊疗规范。无论是业务培训、考核，还是医疗机构评审，诊疗规范都是被重点关注的内容之一。在出版的医学类书籍中，也往往是以"×××诊疗规范"来命名。在法学界，是否符合诊疗规范是鉴定机构认定医疗过失和出具鉴定结论时必须要调查的内容。法院也常常以医疗行为违反诊疗规范，而最终认定医疗机构有过失。

（二）学界和实践部门对诊疗规范范围的论争

从2009年《侵权责任法》使用"诊疗规范"一词到《民法典》继续使用"诊疗规范"一词已经有十多年，然而，我国学界和实践部门对诊疗

---

　　〔1〕　刘鑫：《医事法学》，中国人民大学出版社2015年版，第18~19页。

规范范围的认识却仍存争议，具体从以下两个方面进行分析。

1. 诊疗规范的内涵不明

《民法典》第1222条第1项并没有规定诊疗规范的具体内涵，立法部门也没有对诊疗规范的内涵作出说明。[1]我国医疗法领域中，虽然很多法律使用"诊疗规范"一词，但均没有对诊疗规范的内涵作出规定。《实施细则》第88条对技术规范的含义作出界定，但未对技术规范和诊疗规范的关系加以规定。

从我国已经发布的诊疗规范来看，有些情况下，诊疗规范是纯粹的技术规范，其内容都是围绕着医疗技术展开，如《儿童急性感染性腹泻病诊疗规范》的全部内容都是和医疗技术直接相关。有些情况下，诊疗规范的内容则包括对患者的告知和患者的同意等，如《前列腺癌诊疗规范（2018年版）》将对患者告知治疗方案或者向患者讲解某项治疗措施的重要性等教育管理的内容也纳入诊疗规范的内容中。[2]

我国医学界学者们研究的重心在疾病的诊治、护理和康复上，对诊疗规范内涵的认识则关注的很少。

在法学界，从学者们对诊疗规范内涵的研究来看，大部分学者根据《民法典》第1219条和第1221条之规定，只对医疗过失和违反对患者的告知与同意义务的法律责任分别进行研究，未涉及诊疗规范的内涵。少数学者对两者关系的研究中涉及了诊疗规范的内涵。我国学者杨立新教授认为，《民法典》第1222条第1项中的"诊疗规范"是指技术性规范。对患者知情和同意的规范属于伦理规范，不属于技术性规范。[3]刘国祥教授则认为，该条中的规范是指技术性规范，但技术性规范不仅仅限于纯粹的医疗技术规范，对患者的某些说明义务（如治疗方法的说明义务）的规范也

---

〔1〕 黄薇主编：《中华人民共和国民法典侵权责任解读》，中国法制出版社2020年版，第211~213页。

〔2〕 何权瀛主编：《呼吸内科诊疗常规》，中国医药科技出版社2012年版，第16页。

〔3〕 杨立新：《侵权责任法》，法律出版社2018年版，第267~268页。

属于技术性规范。[1]王丽莎副教授将对患者的说明义务分为四类，其中疗养方法的指导义务和转医劝告的说明义务与患者的知情同意无关，属于医师的注意义务。[2]周友军教授也将一部分告知义务列为注意义务的内容，一旦违反将构成医疗过失。[3]

司法实践中，不同法院对《民法典》第 1222 条第 1 项中"诊疗规范"的内涵的理解也不相同。各地法院对技术性规范属于诊疗规范的范畴没有异议，但对《民法典》第 1222 条第 1 项中的"诊疗规范"是否还包括其他类型，则有不同的认识。有的法院认为诊疗规范仅指技术性规范，有的法院则认为对医务人员的告知的规范也属于诊疗规范的范畴。[4]甚至还有一些法院认为医疗资质和管理的规范属于该条中的"诊疗规范"。至于哪些医疗资质和管理规范属于该条中的诊疗规范？不同法院的认识又有所不同。有的法院认为关于医师执业资质的规范属于诊疗规范的范畴，[5]有的法院认为关于医疗机构的诊疗科目的规范属于诊疗规范，[6]有的法院认为医疗机构的管理的规范属于诊疗规范的范畴，[7]还有的法院认为病历管理的规范属于诊疗规范的范畴。[8]

---

〔1〕　赵万一主编：《医事法概论》，华中科技大学出版社 2019 年版，第 481~485 页。

〔2〕　王丽莎：《医疗过失理论研究》，中国政法大学出版社 2014 年版，第 138 页。

〔3〕　周友军：《侵权法学》，中国人民大学出版社 2011 年版，第 260 页。

〔4〕　如新沂市中级人民法院诉刘某某等医疗损害责任纠纷案（2017）苏 03 民终 6145 号。

〔5〕　当医务人员不具有执业资质，推定其诊疗行为有过错。如黑龙江省牡丹江市中级人民法院（2018）黑 10 民终 148 号民事判决书、辽宁省抚顺市中级人民法院（2017）辽 04 民终 1573 号民事判决书和湖南省岳阳市中级人民法院（2017）湘 06 民终 2532 号民事判决书。

〔6〕　医疗机构在诊疗范围执业属于诊疗规范的范畴，一旦超越范围经营则推定医疗机构有过失，如上海市第一中级人民法院（2017）沪 01 民终 14652 号。

〔7〕　将部门规章中的管理规定作为诊疗规范，一旦违反就推定诊疗行为存在过错，如天津市第二中级人民法院（2017）津 02 民终 7884 号民事判决书认为，医疗机构违反了《院前急救管理办法》第 24 条之规定，应推定其行为具有过错。湖南省郴州市中级人民法院（2017）湘 10 民终 1951 号民事判决书中，将村卫生室违反了卫生室管理的有关规定的行为推定为具有过错。

〔8〕　如在黑龙江双城区人民法院（2015）双民初字第 1039 号民事判决书中，哈尔滨市双城区人民法院认为，双城区人民医院病历管理不规范，7 次手术后处置均无病历记载，按照第 58 条第 1 项之规定，推定其有过错。

2. 诊疗规范的外延不明

在法学界，一些学者对诊疗规范外延的认识确实是不尽相同。如周友军教授认为，《民法典》第 1222 条第 1 项中的"其他有关诊疗规范"是指除法律、行政法规和行政规章中的诊疗规范外，其他所有层级的规范性法律文件中有关诊疗规范的规定。至于何为规范性法律文件，周友军教授并未展开分析。周友军教授还认为，医疗机构内部制定的诊疗规范也应该包括在其他诊疗规范的范畴之中。[1]程啸教授也对其他类型的诊疗规范进行了论述，他将诊疗规范区分为广义的诊疗规范和狭义的诊疗规范。狭义的诊疗规范是指国家卫生行业主管部门制定或认可的与诊疗活动有关的技术标准和操作规程等规范性文件。广义的诊疗规范还包括卫生领域全国性的行业协会制定的标准、规程、规范、制度。[2]王利明教授认为诊疗规范是法律、行政法规和规章等规定的规范诊疗活动的技术标准和操作规程。王利明教授以诊疗规范的制定机关为准，将诊疗规范分成三类：法律和行政法规中规定的诊疗规范；行政规章中规定的诊疗规范；医疗机构制定的诊疗规范。[3]曾见副教授对诊疗规范范围的界定则更为宽泛，具体而言，诊疗规范主要包括除法律、法规、规章中规定的诊疗规范、国家职业卫生标准和卫生行业标准、国家卫生主管部门职能部门制定的诊疗规范、《临床技术操作规范》和《临床诊疗指南》丛书中所涉及的诊疗规范、中华医学会组织制定的诊疗规范和其他各种诊疗规范。其他各种诊疗规范的制定主体具有多元化，具体包括专业医学协会、外国机构或国际组织、医疗机构或医学专家个人制定或编写的技术操作规范。[4]王岳副教授将诊疗规范分为广义的诊疗护理规范、诊疗常规和狭义的诊疗护理规范、诊疗常规。其

---

〔1〕 周友军：《侵权法学》，中国人民大学出版社 2011 年版，第 260 页。

〔2〕 程啸：《侵权责任法》，法律出版社 2015 年版，第 565 页。

〔3〕 王利明：《侵权责任法研究（下卷）》，中国人民大学出版社 2011 年版，第 406 页。

〔4〕 曾见："论《侵权责任法》第 58 条中的'诊疗规范'"，载《中国卫生事业管理》2017 年第 8 期。

中广义的诊疗护理规范、诊疗常规是指卫生行政部门或全国性的行业协会制定的各种标准、规程、规范、制度，狭义的诊疗规范、诊疗常规是指医疗机构自身制定的本机构医务人员在医疗、护理等工作中应遵循的方法或步骤。诊疗规范既可以成文化，也可以非成文化。[1]王竹教授、舒栎宇认为诊疗规范在内容上是技术标准和操作规范，在载体上，诊疗规范分布在由立法部门、政府及主管部门制定或认可的由其他专业团体制定的规范性文件中。[2]

　　在司法实践中，虽然《医疗解释》对诊疗过错的认定是以诊疗规范作为基准，但却未对诊疗规范作出界定。各地法院对诊疗规范的外延层面的认识也不尽相同：有的法院认为诊疗规范的范围包括法律、行政法规、规章、卫生主管部门发布的规范性文件。[3]有的法院认为国家卫生主管部门组织或委托制定的临床诊疗指南或操作规范和专家共识属于诊疗规范的范畴。[4]有的法院认可全国医学院校使用的人民卫生出版社出版的教材、学

---

　　〔1〕　王岳："违反规范或构成过失"，载《医药经济报》2007年6月8日，第A03版。

　　〔2〕　王竹、舒栎宇："医疗机构过错推定规则的理解与适用——以《侵权责任法》第58条及相关条文为中心"，载《医学与法学》2012年第2期。

　　〔3〕　法院将原卫生部发布的文件归入诊疗规范的范畴，没有按照文件的规定从事诊疗活动推定为具有过错，如湖南省长沙市中级人民法院（2015）长中民再终字第00529号民事判决书中，医务人员因其违反《医疗技术临床应用管理办法》的有关规定而被推定为有过错。有的将地方政府卫生厅下发的文件作为诊疗规范，如湖南省邵阳市中级人民法院（2017）湘05民终1666号民事判决书中，法院认为《湖南省各级综合医院手术分类及批准权限规范》属于其他诊疗规范的范畴，医务人员因其违反该规范的规定，推定其行为具有过错。

　　〔4〕　主要有两种情况。一种是法院直接依据临床诊疗指南和地方卫生主管部门发布的文件判决案件，如广东省中山市中级人民法院（2017）粤20民终3284号民事判决书中，法院认为临床诊疗指南属于其他诊疗规范的范畴，医务人员因其违反《产前超声检查指南（2012）》的有关内容，推定其具有过错。另一种情况是鉴定书中援引教科书（如内科学）和临床诊疗指南来确定医务人员是否具有过错，法院裁判案件时完全采纳鉴定书中的意见，同时将教科书的内容或诊疗指南的规定作为其他诊疗规范，如在广东省广州市中级人民法院（2018）粤01民终693号民事判决书中，法院认为临床诊疗指南急救医学分册中的内容属于其他诊疗规范的范畴，一旦违反就推定其行为具有过错。

者编写（著）的临床操作规范属于诊疗规范的范畴。[1]有的法院还认可国外学术文献属于诊疗规范的范畴。[2]不难看出，各地法院对诊疗规范外延的认识是不一致的。

审视学界和司法实务部门对诊疗规范的不同观点，就可以发现他们对《民法典》第1222条规定的诊疗规范外延的认识千差万别：关于诊疗规范载体方面也存在不同认识，有的观点将诊疗规范范围限定在书面范围，而有的观点则认为诊疗规范既可以表现为书面形式，又可以是非书面化的。诊疗规范的具体范围方面，有的观点对诊疗规范范围的界定较为宽泛，有的观点对诊疗规范范围的界定则较为狭窄。此外，对诊疗规范的具体类型的认识更是各有不同。

（三）诊疗规范范围的再定位

1. 诊疗规范的内涵解析

对诊疗规范内涵的分析，必须从一些条文入手。《民法典》第1218条规定了因诊疗活动有过失而给患者造成损害的侵权责任。《民法典》第1219条规定了医务人员违反对患者告知义务的侵权责任。《民法典》第1221条规定了医疗过失的判定标准。《民法典》第1222条第1项也与医疗过失的判定有很大的关系。有疑问的是，这些条文究竟是什么关系呢？杨立新教授借鉴法国医疗过错的划分方法对其进行了类型划分，具体分为医疗技术过失、医疗伦理过失和医疗管理过失。杨立新教授还提出，《民法典》第1218条规定的是医疗损害责任的一般条款，该条款的功能是概括已有明文规定的医疗损害责任类型，为没有明文规定请求权基础的医疗损害责任类型

---

[1] 在山东省济南市中级人民法院（2017）鲁01民再89号民事判决书中，诉讼当事人都将学者编写的教科书和诊疗指南作为诊疗规范，法院并未持否定意见。

[2] 如在广东省深圳市中级人民法院（2017）粤03民终9383号民事判决书中，鉴定书中援引国外文献来确定医务人员具有过错，法院完全采纳鉴定书意见，认可国外文献属于诊疗规范的范畴，进而对案件作出判决。

和请求权基础不明确的具体医疗损害责任提供请求权基础。[1]本书认为，这种观点有一定的道理，但《民法典》第1218条、第1221条、第1222条第1项与第1219条规范的是因过失引发的不同类型的医疗侵权责任，具体言之：第一，立法部门对这些条文的立法理念完全不同。《民法典》第1218条、第1221条和第1222条第1项的立法释义都是从医疗行为的特性出发，从技术层面对这些规范进行解读。而对《民法典》第1219条则是从非技术层面进行规范阐释。第二，这些条文保护的权利不同。《民法典》第1218条、第1221条和第1222条第1项保护的是患者的生命权和健康权，而《民法典》第1219条保护的是患者的知情权和决定权。对于前者，不是生命权和健康权一旦遭到"侵害"，医疗机构就要承担责任，而是要看所实施的医疗技术是否符合当时的医疗水平。对于后者，告知规范和取得患者同意规范具有违法阻却事由的性质，如果没有向患者告知或者得到患者的同意，医务人员的行为本身就是有过失的。由此可见，诊疗规范的内涵是一种技术性规范。对患者的知情同意规范原则上不应属于技术性规范的范畴，但需要注意的是，并非任何对患者的说明义务都属于非技术层面，都属于《民法典》第1219条的范畴。说明义务可以进一步分为多种类型，其中有一类是治疗方法的说明义务，在这一类规范中，并不仅仅是为了满足患者的知情权，有些说明义务是治疗措施的一部分，具有表征医疗水平的发展状况的作用，如向高血压患者解释运动治疗方法中的"中等强度的运动的具体含义"，这种说明的意义在于通过指导患者采取正确的运动方式，从而达到降压的目的。再如，告知儿童普通感冒要多喝水、饮食应保持清淡，这种说明义务并不是为了让患者知情，而是属于治疗的一部分，因为普通感冒具有相当的自愈性，有些情况下通过改善生活方式就能自愈。

诊疗活动中的管理规范是否属于技术规范，需要具体分析确定。在司

---

[1]　杨立新："医疗损害责任一般条款的理解与适用"，载《法商研究》2012年第5期。

法实践考察中，与诊疗规范相关的管理规范主要涉及病历、资质和诊疗行为的管理规范三个层面。

第一，对病历管理方面的规范进行的分析。病历不仅是发生医疗纠纷时当事双方的重要证据，更是对患者疾病作出准确判断的重要依据。我国历来重视对病历的管理，我国现行法律也对病历管理设置了诸多强制性规范。[1]有学者认为，这些禁止性规范也属于《民法典》第1222条第1项的诊疗规范的范畴。[2]本书认为，《民法典》第1222条第1项规定的诊疗规范不包括对病历进行管理的有关规范，因为第1222条共分为3项，第2项和第3项是关于对病历施以损毁、隐匿等手段的行为的法律规制，《民法典》第1222条将这3项并列规定，表明诊疗规范不包括诊疗活动中有关病历管理方面的规范。

第二，对医疗机构执业资质和医务人员执业资质方面的规范进行的分析。《民法典》第1222条第1项规定的诊疗规范是否包括资质相关的规范，应从法律体系的角度进行分析。《医疗机构管理条例》及《实施细则》、《医师法》和《护士条例》明确规定医疗机构、医师和护士执业应当具有相关资质。《事故条例》并不是一部与所有诊疗活动相关的事故处理法，仅调整有资质的医疗机构及医务人员因过失造成患者损害的情形。《预防和处理条例》第2条明确规定，医疗纠纷是医患双方因诊疗活动发生的争议，第9条和第47条分别规定了医务人员的行为规范及法律责任。对上述条文进行分析不难发现，都是以医务人员具有资质为前提进行规范配置的。基于法律体系内在逻辑的一致性要求，《民法典》侵权责任编在规定医疗损害赔偿责任时，也应以有相关资质为前提进行规范配置，因

---

〔1〕《医疗机构病历管理规定（2013年版）》第14条规定："医疗机构应当严格病历管理，任何人不得随意涂改病历，严禁伪造、隐匿、销毁、抢夺、窃取病历。"《医师法》第24条第1款规定："医师实施医疗、预防、保健措施……并按照规定及时填写病历等医学文书……"《民法典》第1225条第1款规定："医疗机构及其医务人员应当按照规定填写并妥善保管……病历资料。"

〔2〕王利明：《侵权责任法研究（下卷）》，中国人民大学出版社2011年版，第406页；程啸：《侵权责任法》，法律出版社2015年版，第565页。

此，《民法典》第 1222 条第 1 项中的诊疗规范不包括执业资质的管理规范。

第三，对诊疗活动中的管理方面的规范进行的分析。这类规范数量最多，有很多的规范都是《民法典》第 1222 条第 1 项中的诊疗规范，但并非所有的诊疗行为的管理规范都属于该条文中的规范，对此，应重点考察该规范的制定目的是否和诊疗有着直接的关系，如果有直接关系，则往往属于该项中的诊疗规范，反之则不属于。以下试举几例以作说明：如《乡村医生从业管理条例》第 24 条第 3 项是保护患者隐私的规定，目的在于维护患者的隐私权，与生命权、健康权无关。《放射诊疗管理规定》第 22 条、第 23 条规定从事放射诊疗医务人员应佩戴个人剂量计、进行健康检查，该条旨在维护从事该行业工作人员的身体健康，因此这三条规范都不属于《民法典》第 1222 条第 1 项的诊疗规范。《放射诊疗管理规定》第 26 条规定，在诊断效果得到保证的前提下，应当优先采用对人体健康影响较小的诊断技术。这说明在为了疾病诊治须接受放射线照射时，医务人员应选择影响较小的方式，以最大限度降低放射线对患者的辐射危害，因此该条属于《民法典》第 1222 条第 1 项中的诊疗规范。

将《民法典》第 1222 条第 1 项中诊疗规范的内涵界定为技术性规范无疑是正确的。我国现行法也对技术规范作出了界定。《实施细则》第 88 条第 5 款规定，技术规范是指由国家卫生计生委、国家中医药管理局制定或者认可的与诊疗活动有关的技术标准、操作规程等规范性文件。这些规范性文件中的规范基本上都属于《民法典》第 1222 条第 1 项的诊疗规范的范畴，但也有个别规范不属于诊疗规范的情形，如国家卫生主管部门发布的诊疗规范中，有时候将患者知情同意的规范当做技术规范，如在《急性脑卒中患者医疗救治技术方案》中，就将患者知情同意规定在该技术方案中。有时候将资质管理和工作职责的规范也纳入技术规范中。如《新生儿疾病筛查血片采集技术规范》中就有相关机构和人员的资质及工作职责的要求。

2. 诊疗规范的外延解析

诊疗规范的外延具有复杂性，对诊疗规范外延的界定可以通过如下关系进行分析。

（1）诊疗规范与法律、行政法规和规章。

《预防和处理条例》第 9 条将诊疗规范与法律、行政法规和规章并列规定，且诊疗规范位于规章之后，这表明诊疗规范不属于法律的范畴。《民法典》第 1222 条第 1 项对诊疗规范的表述与《预防和处理条例》第 9 条的表述有所不同，将法律、行政法规和规章中有关诊疗的规定都一并纳入诊疗规范的范畴之中。这表明法律、行政法规或规章等中有关诊疗活动的技术规范都属于诊疗规范的范畴。

（2）诊疗规范与诊疗标准。

《标准化法》于 2017 年 11 月 4 日修订通过，2018 年 1 月 1 日起实施。这部法律在很多方面作出了重大调整，其中之一就是扩大标准的范围：修订之前的《标准化法》的适用范围不包括医疗卫生领域，修订之后的《标准化法》将标准的范围扩展至医疗卫生领域。标准是其所属领域的统一的技术要求。人身健康是人类社会的永恒追求，需要通过制度进行保障。随着现代医学的发展，诊疗行为的规范化趋势愈来愈强，循证医学的发展为诊疗行为的规范化和标准化提供了可能。《标准化法》第 2 条对标准的类型及法律效力作出规定，即国家标准包括强制性标准和推荐性标准，行业标准和地方标准都属于推荐性标准。

目前，我国医疗卫生领域制定了很多国家标准和行业标准，其中有些标准都和医疗行为无关，如国家卫生主管部门发布的《酸乳卫生标准》，有些标准则和医疗行为有关，如《包虫病诊断标准》。需要对和医疗行为有关的诊疗标准和诊疗规范的关系，下面从标准的类别，即在强制性标准和推荐性标准层面进行分析：

本书认为，和医疗行为直接相关的强制性诊疗标准属于诊疗规范的范畴，具体理由如下：第一，根据《医疗质量管理办法》第 1 条的规定，制定该部规范的目的之一在于规范医疗行为。该办法第 6 条第 1 款规定，国家卫生主管部门负责组织或委托有关机构制定相关标准。第 15 条规定，医务人员应当遵守相关标准，规范医疗行为。通过对这些条文进行分析，不难发现，标准具有规范医疗行为的作用。第二，从诊疗标准的内容看也具有规范医疗行为的作用。如《梅毒诊断标准及处理原则》的标准中，规定了该病诊断原则和依据等，同时还规定该标准适用于全国医务人员对该病的诊断。

不难发现，诊疗标准与诊疗规范具有相同的规范目的，即规范诊疗活动，保障医疗安全。虽然从制定程序层面而言，诊疗标准要比诊疗规范复杂、严格，但这并不影响诊疗标准成为诊疗规范的一部分。当然，诊疗标准和其他诊疗规范相比，诊疗标准更具有普遍适用性，无论是发达地区还是偏远地区，无论三级医疗机构还是一级医疗机构都应当应用该标准进行梅毒的诊断，而其他诊疗规范的适用则要考虑具体的医疗环境和患者的个体差异等因素。

本书认为，推荐性的诊疗标准原则上不属于《民法典》第 1222 条第 1 项中的诊疗规范的范畴，因为根据《标准化法》第 36 条，只有违反强制性标准才涉及民事责任的问题，违反推荐性标准不涉及民事责任的承担，因此它也不能再为医务人员配置注意义务。当然在以下两种情形中，推荐性标准应属于诊疗规范的范畴：第一，医疗机构将该推荐性的诊疗标准纳入其制定的诊疗规范中。第二，该推荐性的诊疗标准被法律引用，这种情况下，诊疗标准实质上是法律的一部分了。

（3）制定的诊疗规范与认可的诊疗规范。

诊疗规范不仅包括制定的诊疗规范，还包括认可的诊疗规范，因为《实施细则》第 88 条第 5 款规定："技术规范是……制定或者认可的与诊疗活动有关的技术标准、操作规程……"我国法律、行政法规和部门规章中规定了诊疗规范，其中以部门规章中的诊疗规范数量最多。地方性法规、自治条例和单行条例虽然可以在其权限范围内制定诊疗规范，但从实践层面观察，这三类法律文件制定的诊疗规范数量很少。当然，这些法律中规定的诊疗规范属于制定的诊疗规范的范畴。

此外，我国几乎所有的行政机关都有权制定行政规定，但却并非所有的行政机关都可以制定诊疗规范，因为根据《医疗质量管理办法》第 6 条，只有省级以上的卫生主管部门才有权制定诊疗规范。我国国家卫生主管部门制定了很多诊疗规范，如《内镜诊疗技术临床应用管理暂行规定》《医疗机构新生儿安全管理制度（试行）》等。省级卫生主管部门有时也会制定诊疗规范，如《山东省产前超声检查技术规范（试行）》等。只要这些行政规定的内容与医疗行为关系密切，应属于《民法典》第 1222 条第 1 项诊疗规范的范畴。

我国国家卫生主管部门有时会组织专家制定各种诊疗规范，如《慢性阻塞性肺病诊疗规范（2011 年版）》《食道癌诊疗规范（2018 年版）》等。这些应属于《民法典》第 1222 条第 1 项诊疗规范的范畴。从诊疗规范的内容看，以癌症类疾病和慢性病的诊疗规范居多。

从实践情况来看，我国国家卫生主管部门会委托中华医学会制定诊疗规范。如国家卫生主管部门委托中华医学会制定临床诊疗指南和临床技术操作规范，如临床诊疗指南心血管外科分册、临床技术操作规范神经外科分册等。此外，中华医学会及各分会也会根据临床实践需要制定各种临床指南或技术操作规范，如《中国儿童支气管哮喘诊断与防治指南（2016 年版）》《儿童流感诊断与治疗专家共识（2015 年版）》等。这些分会制定诊疗规范时并没有国家卫生主管部门的委托，但由于国家卫生主管部门明确要求行业协会要在规范医疗行为中发挥积极作用，[1]这也间接表明行业

---

[1] "关于进一步加强患者安全管理工作的通知"，载 http://www.nhc.gov.cn/yzygj/s7658/201804/00a8be2958e144e5a1439faf995ba982.shtml。

协会制定的诊疗规范是得到国家卫生主管部门的认可的。本书认为，国家卫生主管部门委托中华医学会制定的诊疗规范、中华医学会及各分会在自身职责范围内制定的诊疗规范都属于《民法典》第 1222 条第 1 项诊疗规范的范畴。

我国各地的省级医学会有时也会制定相关疾病的诊疗规范，如《肺隐球菌病诊治浙江省专家共识》等。如果这些医学会制定的诊疗规范是受省级卫生主管部门的委托制定的，自然应属于《民法典》第 1222 条第 1 项诊疗规范的范畴。各地的省级医学会根据临床需要制定的诊疗规范，如上海市医学会康复医学分会制定的《脑卒中合并稳定性冠心病运动康复专家共识》等，也应属于《民法典》第 1222 条第 1 项诊疗规范的范畴，因为这仍然是行业协会履行职责的需要。

此外，医疗机构有时会结合自身情况制定诊疗规范，如上海复旦大学附属中山医院制定了《2013 普外科病人围手术期血栓预防——中山共识（2）》等。这些诊疗规范的制定虽未得到省级卫生主管部门的直接授权，但却在法律层面得到了认可。《医疗质量管理办法》第 15 条规定，医务人员从事诊疗活动，应遵循医疗机构根据自身情况制定的医疗质量管理制度，该条虽没有直接提到诊疗规范，但由于诊疗规范属于医疗质量管理制度的一部分，因此医疗机构制定诊疗规范是得到我国国家卫生主管部门认可的。

有时候，学者们自己会单独制定某种疾病的诊疗规范，甚至还有些学者会以专家组的名义共同制定诊疗规范，并通过出版物或论文的形式予以公布。在司法实践中，也有很多医务人员以其医疗行为符合专家（们）制定的诊疗规范而主张无过失。本书认为，这些规范未获得省级以上卫生主管部门的正式认可，不属于诊疗规范的范畴。对于学者们编写的以"诊疗规范"命名的学术书籍，也不属于《民法典》第 1222 条第 1 项规定的诊疗规范的范畴。

（4）诊疗规范与诊疗常规。

我国现行法律文本中经常使用"诊疗常规"一词，如《预防和处理条例》第9条、《乡村医生从业管理条例》第24条第1项等都使用的是"诊疗常规"一词，但这些法律并没有对"诊疗常规"做出任何界定。在医学界，很多著作都是以"×××医疗常规"来命名的。

诊疗常规在实践中也会经常涉及，具体体现在如下几个方面：第一，诊疗常规是医务人员学习、培训和考核的内容。在实践中，诊疗常规常常是医务人员学习的对象。很多医院定期开展诊疗常规知识的培训和考核。有些卫生主管部门或行业协会常常组织对有关人员进行诊疗常规方面的培训和考核。第二，诊疗常规是医疗过失鉴定要调查的内容。在我国已出版的有关医疗过失鉴定的书籍中，诊疗常规在鉴定文书中被提及的频率非常高。诊疗常规的遵守情况在医疗过失鉴定中都会进行调查。第三，诊疗常规是法官判定医疗过失的重要内容。在司法实践中，诊疗常规在裁判文书中被提及的频率也非常高，诊疗常规的违反常常被判定为有医疗过失。如李延起、李清燕等诉北京市平谷区医院医疗损害责任纠纷案中，医方认为其医疗行为符合医疗常规，鉴定意见也认为医方的行为符合诊疗常规，最终法院判决医务人员的医疗行为不具有医疗过失。[1]同样，在米桂芝等诉厦门市第一医院医疗损害赔偿纠纷案中，医方认为其医疗行为符合诊疗常规，鉴定意见也认定医方的行为符合诊疗常规，最终法院判决医务人员的医疗行为符合诊疗常规，不具有医疗过失。[2]

在医学界，对诊疗常规大体上有两种认识：多数学者认为，诊疗常规具有一定的公认性和基础性。诊疗常规具有一定的稳定性，修改的频率往往不高。诊疗常规还具有普适性，往往在专家中已经达成共识，并是在经过多年临床实践检验的基础上形成的，具有广泛的适用性。少数学者则对

---

〔1〕 北京市平谷区人民法院（2015）平民初字第6416号民事判决书。
〔2〕 福建省厦门市中级人民法院（2010）厦民终字第2537号民事判决书。

诊疗常规有着不同的理解，他们往往将诊疗常规与诊疗规范不做区分。[1]这种观点实际上是对诊疗常规的公认性和基础性提出了质疑。

在法学界，诊疗常规并不是纯粹的医学用语，而是确定注意义务的重要内容。对诊疗常规的认识基本相同：诊疗常规是指诊疗规范和常规的统称。[2]这种观点是我国法学界的大部分学者对待医疗常规标准的态度，即常常将医疗常规与诊疗规范一起使用，不加以区分。[3]

本书认为，这两者的关系是诊疗常规属于诊疗规范的一部分，诊疗规范除诊疗常规之外，还包括其他一些技术规范，具体理由如下：

第一，诊疗常规和其他诊疗规范二者并不存在一个清晰的界限。在医学界，诊疗常规和其他诊疗规范之间确实有些不同：如诊疗常规具有基础性，而非诊疗常规则往往不具有基础性。诊疗常规具有公认性，而非诊疗常规有时会存在一定的争议。诊疗常规具有普适性，是任何医务人员必须具有的知识和技能，而非诊疗常规则有时对医疗环境、医疗机构等级有一定的要求。但这些差别并没有使二者形成对立之势。在医学界，将属于诊疗常规的内容列入诊疗规范中也是常见的现象。如在中华医学会儿科学分会编写的《儿科呼吸系统诊疗规范》一书中，很多内容都是属于诊疗常规的内容。

第二，我国有些法律将诊疗规范与诊疗常规并列规定，并非表明这二者之间完全不同，而是由于尊重行业表述习惯的需要。在临床实践中，诊疗规范、诊疗常规都是临床实践中常常谈到的内容，诊疗常规的出现频率更高。《民法典》第 1222 条第 1 项中使用的是"诊疗规范"，没有使用

---

〔1〕 项道满、于刚主编：《儿童眼病诊疗常规》，人民卫生出版社 2014 年版，第 1~2 页。

〔2〕 于佳佳："论医疗过失的判断标准——解读《侵权责任法》第 57 条对医疗上注意义务的规定"，载《中南大学学报（社会科学版）》2016 年第 3 期；王丽莎：《医疗过失理论研究》，中国政法大学出版社 2014 年版，第 173 页。

〔3〕 申卫星主编：《医疗纠纷预防和处理条例条文释义与法律适用》，中国法制出版社 2018 年版，第 57 页；王丽莎：《医疗过失理论研究》，中国政法大学出版社 2014 年版，第 173 页。

"诊疗常规"，不能认为该条文将诊疗常规排除在外，因为诊疗常规的内容是非常广泛的，如果排除诊疗常规的话，则医疗行为的规范化在很大程度上将无法实现。诊疗规范中的大部分内容也是诊疗常规的内容，如果将诊疗常规排除，诊疗规范的内容就会变得空洞了。

（5）诊疗规范与诊疗指南、专家共识、诊疗要点和诊疗方案。

有的观点认为，诊疗规范和诊疗指南、专家共识等并无区别，它们在临床实践中都属于指导性规范，发挥的是指导性作用。医学界大多数学者都持这种观点。如李南方和孙宁玲主编的《高血压临床诊疗规范》就是根据临床指南和临床经验编写的。有的观点则认为，诊疗规范与临床实践指南和专家共识有一定的区别，诊疗规范是指按照规定的标准进行临床操作，而临床指南则在临床实践中具有指导性，在遵照的程度上不如诊疗规范，至于专家共识，对其的遵照程度不如临床实践指南。[1]根据这种观点，在约束力方面最强的是诊疗规范，最弱的是专家共识，临床指南居中。本书认为，从用语来看，诊疗指南、专家共识、诊疗要点和诊疗方案与诊疗规范似乎有些不同，约束力也要弱一些。但在国内外医学界看来，这些都是临床实践指南，都属于技术性规范的范畴。诊疗规范范围的界定不应该仅仅限制在"规范"的名称上，应看其是否具有规范医疗行为的作用。诊疗指南和专家共识在实践中数量最多，诊疗要点、诊疗方案和诊疗原则的数量较少，但它们制定的目的都是规范医疗行为，都属于技术性规范的范畴，因此都应纳入诊疗规范的范畴中。

（6）"规定"型诊疗规范和"非规定型"诊疗规范。

《民法典》第1222条第1项的落脚点是"规定"，这似乎表明只有以"规定"形式呈现出来的诊疗规范才属于该项中的诊疗规范。这种解释方案是有问题的，主要理由如下：

第一，在我国，很多诊疗规范并不以"规定"的形式呈现出来。目前

---

〔1〕 孙旭光编著：《眼科临床指南解读：细菌性角膜炎》，人民卫生出版社2017年版，第3页。

诊疗规范的制定方法有专家共识制定法和循证制定法两种。通过这两种制定方法制定出来的诊疗规范的呈现形式有三种：第一种是以"规定"的形式呈现出来，这种诊疗规范的名称通常都带有"××规定"的字样。第二种是以推荐意见形式呈现出来的诊疗规范，在这种诊疗规范中，每一条意见往往都带有"推荐"的字样，且都标注着推荐等级和证据级别。第三种是其他形式的诊疗规范。这种诊疗规范既不是以"××规定"的形式呈现出来，也不是以"推荐意见"字样的形式呈现出来。如中华医学会各分会组织编写的临床技术操作规范系列丛书中的内容是受我国国家卫生主管部门的委托制定的，依法应属于诊疗规范的范畴。不难看出，如果完全遵从字面意思来解释《民法典》第 1222 条第 1 项中的"诊疗规范"，其范围并不包括后两种形式的诊疗规范。

　　第二，这种解释方案和《实施细则》第 88 条第 5 款的规定产生冲突。《实施细则》第 88 条第 5 款中的技术规范既包括制定出来的诊疗规范，也包括认可的诊疗规范。由此可见，用"规定"一词来界定诊疗规范，会导致所有认可的诊疗规范无法被纳入《民法典》第 1222 条规定的诊疗规范的范畴中。这种冲突不能按照基本法律的效力高于非基本法律的规则去处理，认为只包括制定的诊疗规范，不包括认可的诊疗规范。从法理而言，我国确实有基本法律的效力高于非基本法律的规则，[1]但是这样的处理结果可能会造成医疗行为无法适用体现当时医疗水平的诊疗规范的状况，这既不利于医学科学的健康发展，也不利于维护患者的合法权益。

　　基于这两点理由，《民法典》第 1222 条第 1 项正确的解释方案是，将推荐型规范和既非规定型又非推荐意见型的诊疗规范都纳入该条的诊疗规范的范畴中。当然，《实施细则》第 88 条第 5 项的规定也并非尽善尽美的，该条将技术性规范落脚为"规范性文件"是不恰当的，因为从行政法

---

〔1〕　周永坤：《法理学——全球视野》，法律出版社 2016 年版，第 96 页。

的角度言之，"规范性文件"的制定主体是行政机关，[1]但实际上，我国大量的技术性规范是由中华医学会各分会通过出版物的形式发布的，因此在定义技术性规范时，也不应该将落脚点放在"规范性文件"上。

在诊疗规范的外延上，很难用一句话将诊疗规范类型概括进来，本书通过列出多组关系对诊疗规范进行梳理和分析，从而为诊疗规范的外延确定一个相对清晰的轮廓。这六组关系是从不同的维度来观察诊疗规范，它们的内部并不是排斥关系，而是互为关联、互相影响的，但是每种关系又都具有相对的独立性。

本书认为，应将诊疗规范解释为法律、行政法规、规章和其他技术规范。在具体解释诊疗规范的范围时，应紧扣诊疗规范的内涵和外延进行解释。

二、违反诊疗规范的判断标准

（一）学界对违反诊疗规范判断标准的认识

在法学界，目前尚未有学者明确提出违反诊疗规范的判断标准问题，不过从学者的一些表述中，可以大体上发现学者对这个问题的认识。王利明教授认为，违反诊疗规范是指没有按照诊疗规范的要求从事诊疗活动。[2]杨立新教授认为，只要医方未履行义务，就是有过失。[3]程啸教授也指出，医务人员必须严格遵循诊疗规范，如果违反诊疗规范的规定，就会有过失。[4]从这三位学者的观点可以发现，违反诊疗规范的判断标准是与诊疗规范的内容不符。

不过，本书认为，学者们在研究违反诊疗规范的判断标准时，没有考虑到诊疗规范的复杂情况，即有些诊疗规范中明确要求医务人员在适用该

---

〔1〕　莫于川主编：《行政法与行政诉讼法》，中国人民大学出版社 2015 年版，第 152 页。

〔2〕　王利明：《侵权责任法研究（下卷）》，中国人民大学出版社 2011 年版，第 407 页。

〔3〕　杨立新：《侵权责任法》，法律出版社 2018 年版，第 265 页。

〔4〕　程啸：《侵权责任法》，法律出版社 2015 年版，第 565 页。

诊疗规范时应考虑地域和患者个体差异等因素。在判断是否违反诊疗规范时是只考虑与诊疗规范的内容是否相符，还是要将与诊疗规范的内容是否相符、地域因素和患者个体的差异一起作为违反诊疗规范的判断标准呢？

在医学界，没有学者探讨违反诊疗规范的标准问题，学者们关注较多的是诊疗规范的适用问题。

（二）对法律和司法解释相关规定的分析

《民法典》第 1222 条没有通过明确、直接的方式规定如何判断是否违反诊疗规范，我们只能通过《民法典》第 1222 条第 1 项的条文表述来分析。如果仅对该条文进行文义解释，得出的结论为违反诊疗规范的判断标准是医疗行为与诊疗规范规定的内容不符，如果符合诊疗规范的内容，就不属于违反诊疗规范的情况。不过，从该条的规定仍然无法看出，若诊疗规范中明确要求医务人员适用该诊疗规范时应考虑地域和患者个体差异等因素，那么在判断是否违反诊疗规范时是只考虑是否与诊疗规范的内容相符，还是要将是否与诊疗规范的内容相符和患者个体的差异、地域因素一起作为违反诊疗规范的判断标准？

在违反诊疗规范的判断标准上，《医疗解释》第 16 条也同样未作出规定，只能通过对该条文的表述来分析违反诊疗规范的判断标准。依据该条，医疗过失应依据诊疗规范进行判定，还可以考虑患者病情的紧急程度、个体差异和当地的医疗水平等因素。由于该条是针对医疗过失的认定进行解释，并且将"诊疗规范"与"患者个体差异""当地的医疗水平"并列规定，说明这三者是不相同的，因此违反诊疗规范的判断标准就只需要看是否与诊疗规范的内容相符，"患者个体差异"和"当地的医疗水平"是判定医疗过失要考虑的因素，而不是是否违反诊疗规范要考虑的因素。

（三）违反诊疗规范判断标准的确定

本书认为，应将违反诊疗规范的判断标准确定为与诊疗规范的内容不符，只要与诊疗规范不符，就属于违反诊疗规范。尽管有些时候，适用诊疗规范时还要考虑患者个体差异、地域因素等，但这些因素是针对整个医疗行为的过程而言的，并不是仅仅就诊疗规范而言的，因此，个体差异因素和地域因素是判定医疗过失的考虑因素，而不是判断是否违反诊疗规范的考虑因素。

第二节　违反诊疗规范情形医疗过失判定的域外审视

一、违反诊疗规范情形医疗过失判定的域外实践

对域外违反诊疗规范时医疗过失判定的影响进行考察，有助于我国理性地解决违反诊疗规范情形医疗过失判定的问题。

（一）美国

在美国，医疗过失的判定主要依赖专家证言。违反诊疗规范并不会被推定有医疗过失。[1]在《美国眼科临床指南（第 2 版）》中，专家委员会指出，临床指南所提供的文件是为临床医疗服务提供实践的典范，而不是为个别特殊的个人提供医疗服务。它并不是在各种情况下都必须遵循的医疗标准。[2]《KDIGO 慢性肾脏病评价及管理临床实践指南》的"公告"指出："写作的目的是提供信息，帮助临床做决定，而非意图界定医疗标准。病人个体的需求、能利用的资源以及某个机构或某种模式独有的限制性，医生在临床实践中做出相应的改变是不可避免的，而且是恰如其分的"。[3]在美国，对医疗行为判定具有影响的诊疗规范通常都是医学会、协会或者卫生管理机构制定的。由于诊疗规范的制定主体具有多元化，因此存在诊疗规范内容不一致的情况。

---

〔1〕　龙囿霖等："全球临床指南数据库运行机制的比较研究"，载《中国循证医学杂志》2018年第 10 期。

〔2〕　美国眼科学会编：《眼科临床指南》，赵宗良编译，人民卫生出版社 2018 年版，第 2 页。

〔3〕　美国改善全球肾脏病预后组织编注：《KDIGO 慢性肾脏病评价及管理临床实践指南》，王海燕主译，人民卫生出版社 2014 年版，第 5 页。

美国 Lowry v. Hendry Mayo Newhall Memorial Hospital 案中，医师违反诊疗规范，但法院却判决医师胜诉。法院认为，诊疗规范与案件本身的事实或专家证言的证据比较而言，其并未更具有说服力。[1]陈聪富教授指出，在美国，诊疗规范的内容不是注意义务的标准，而是一种参考资料。[2]综合分析这些情况，可以得出结论，即违反诊疗规范不能推定为有医疗过失。

在美国，违反诊疗规范不会被推定为有过失的原因有两个方面。一是诊疗规范是针对多数患者制定的规范，不完全适用于每个具体患者，因此，诊疗规范在具体个案中并不是决定性标准，相比较而言，专家意见发挥的作用更大。二是诊疗规范收集不容易，无法为医务人员所知悉，采取推定过失的做法对未收集到诊疗规范的医务人员不公平。[3]

（二）英国

在英国，英国国家卫生与服务优化研究院（NICE）制定的诊疗指南虽具有非强制性，但医务人员在临床中要充分考虑该指南中的推荐意见。医务人员可以作出与诊疗指南不同的处理方式，但应通过书面形式报告原因。[4]虽然这些原因并不是从医疗机构的反证事由的角度呈现出来的，不过这至少可以表明，医务人员具有合理的理由是可以违反指南中的建议的。显然，英国的这种做法让医务人员有较大的选择余地，不仅仅依赖于诊疗规范。不难看出，在英国，违反诊疗规范很难被直接推定为有过失。

（三）德国

在德国，在医疗过失的判定中，法院非常重视鉴定意见。鉴定人在鉴定意见中会使用诊疗规范，以表明鉴定人提出的鉴定意见是代表医界团体的意见，而非个人意见。受这种因素的影响，德国法院也逐渐开始重视诊

---

〔1〕　陈聪富：《医疗侵权行为之构成要件分析》，元照出版有限公司 2014 年版，第 60 页。

〔2〕　陈聪富：《医疗侵权行为之构成要件分析》，元照出版有限公司 2014 年版，第 62 页。

〔3〕　陈聪富：《医疗侵权行为之构成要件分析》，元照出版有限公司 2014 年版，第 254~256 页。

〔4〕　隋宾艳、齐雪然："英国 NICE 卫生技术评估研究决策转化机制及对我国的启示"，载《中国卫生政策研究》2015 年第 7 期。

疗规范在医疗过失判定中的作用，实践中也有违反诊疗规范最终被认为具有医疗过失的判例。[1]德国实务上认为，对于病患的特殊情形，依循诊疗规范治疗，对于患者健康并非绝对有益。[2]在德国，医疗过失的判定，更重视患者的具体情况，对于诊疗规范，医师在医疗决策及处置上享有一定的裁量空间，必要时，医师可以甚至是必须偏离诊疗规范。这些情况说明，在德国，违反诊疗规范难以被推定为有医疗过失，诊疗规范只是一种参考资料，医务人员有权根据患者情况来选择如何使用诊疗规范。

（四）日本

在日本，对医疗过失的判定产生影响的诊疗规范往往是学会或研究会制定的。[3]这些机构制定的诊疗规范，通常只是一种参考资料，违反它也不会被推定为有过失，具体理由是采取何种医疗行为，须由医师与患者协商后才能确定，同时，医师也并没有按照诊疗规范实施医疗行为的义务。

但在实践中，当学会或研究会制定的诊疗规范发布后，如果多数医师都是根据该指南从事医疗行为，则未遵照该指南从事医疗行为会被推定为有过失，医师可以以有特殊的理由进行反证。[4]

二、违反诊疗规范情形医疗过失判定的域外启示

从域外的实践看，在违反诊疗规范是否被推定为过失的问题上，不同国家的做法是不太相同的。有的国家认为，诊疗规范是一种参考资料，违反诊疗规范不应该被推定为过失。在这种观点中，诊疗规范是一种确定医务人员注意义务时的参考因素，医务人员并没有义务按照诊疗规范实施医疗行为。有的国家则认为，违反诊疗规范很大程度上会被推定为有过失。

---

[1] 吴振吉：《医疗侵权责任之过失判定》，元照出版有限公司2020年版，第140页。
[2] 吴振吉：《医疗侵权责任之过失判定》，元照出版有限公司2020年版，第140页。
[3] 日本日经医疗编辑：《日本医疗纠纷诉讼案例53讲》，张惠东审订，黄湜昕译，华中科技大学出版社2019年版，第195页和255页。
[4] 日本日经医疗编辑：《日本医疗纠纷诉讼案例53讲》，张惠东审订，黄湜昕译，华中科技大学出版社2019年版，第195页。

在这种情况下，医务人员应按照诊疗规范实施医疗行为，不过，医务人员可以以正当的理由进行反证。相比较而言，采取前一种做法的国家很多，采取后一种做法的国家非常少。

　　无论是将诊疗规范看作是参考资料，违反诊疗规范不被推定为有过失，还是违反诊疗规范推定为过失，都不主张弃用诊疗规范，这两者的区别在于对诊疗规范的依赖程度不同：在前一种做法中，对诊疗规范的依赖程度较低，在后一种做法中，对诊疗规范的依赖程度很高。至于造成这种现状的原因，本书认为，这与各个国家医疗行业的实际状况和对医疗行业所采取的发展路径息息相关。

第三节　我国违反诊疗规范情形过失判定存在的问题

　　在违反诊疗规范情形的医疗过失的判定上，我国《民法典》只有一个条文进行了规定，即第 1222 条第 1 项。通过对该条的法律适用进行分析，发现其存在如下问题。

一、对违反诊疗规范后果的认识存在分歧

（一）违反诊疗规范后果的学说分野

　　在第二章中，本书已经指出医疗水平是医疗过失的判定标准，诊疗规范不是医疗过失判定标准。但这并不意味着这个问题解决后，对诊疗规范后果的认识就统一了。实际上，学界和实务部门对违反诊疗规范的后果仍然存在学说分歧，需要解决。这种分歧须从医学界和法学界两个层面进行考察。

1. 医学界的观点

　　在医学界，目前还没有学者对违反诊疗规范的后果进行正面分析，不过从学者们对诊疗规范适用状况的分析可以间接发现他们对这种后果的认识。具体有以下两种观点。第一种观点是参考资料说。违反诊疗规范，不

能推定有过失。医学界中持这种观点的学者占据多数。在这些学者中，有的学者从循证医学的角度进行分析，认为诊疗规范在临床实践中总的作用是指导性和推荐性的，推荐意见的推荐强度越强，越应遵守诊疗规范，推荐意见的推荐强度越弱，则可以考虑不使用诊疗规范。[1]有的学者从诊疗规范形成的角度进行分析，认为诊疗规范的形成是建立在平均人群基础之上的，未必适合每个患者。第二种观点可以解释为推定说。这种观点认为，诊疗规范不是参考性文件，而是必须遵守的准则和临床依据，同时该观点也主张诊疗规范的适用要考虑患者个体情况等因素。[2]基于这种定位，在这些学者看来，违反诊疗规范应推定医务人员的医疗行为有过失。医学界中持这种观点的学者占据少数。

2. 法学界的观点

在法学界，对《民法典》第1222条第1项中的"推定"有着不同的解读，大体上有如下两种观点。

第一种观点是推定可反驳说。我国很多学者都赞同"推定说"，但分析路径不尽相同：第一种分析路径是从"推定"的文义入手进行结论分析，王利明教授认为，此处的推定具有推定和认定的双重功能，理由是法律采用了"推定"一语，表明其具有推定作用。第二种分析路径是违法推定为过失。如程啸教授认为，此处的推定属于违法推定过失，一旦医务人员及医疗机构通过举证证明自身不存在过错，就应当承担损害赔偿责任。[3]周友军教授和窦海阳副教授也都是按照这种路径进行分析的。第三种分析路径是区分过失认定标准和过失的证明，二者不能等同，达到过失的证明所要求的标准只能推定有过失。持这种观点的是纪格非教授。她认为，

---

[1] 刘续宝、孙业桓主编：《临床流行病学与循证医学》，人民卫生出版社2018年版，第175页；马建辉、闻德亮主编：《医学导论》，人民卫生出版社2013年版，第172页。

[2] 王行环主编：《循证临床实践指南的研发与评价》，中国协和医科大学出版社2016年版，第17页和182页。

[3] 程啸：《侵权责任法》，法律出版社2015年版，第565~566页。

《民法典》第1222条的主要功能在于减轻患者举证责任，而非确立独立于第1221条判断医疗过错的实体标准……第1222条应理解为法律推定，允许当事人反驳的观点最贴近立法者的原意。[1]第四种分析路径是将诊疗规范纳入公法规范或规制性规范的范畴，这种规范经由转介机制进入私法后，成为一种行为标准，违反这种标准会发生推定过失的法律效果。[2]

第二种观点是根据诊疗规范的不同类型确定违反诊疗规范是推定过失或仅仅是一种参考资料。这种观点为曾见副教授所主张。根据该观点，诊疗规范可以划分为强制性的诊疗规范和非强制性的诊疗规范，违反前一种诊疗规范，应认定有过失。若违反后一种诊疗规范，则应根据这种诊疗规范是属于应遵守的诊疗规范还是属于参考性的诊疗规范分别判断，违反应遵守的非强制性的诊疗规范应推定有过失，违反参考性的非强制性的诊疗规范则不能推定有过失。[3]

（二）违反诊疗规范后果的实践分歧

在实践中，违反诊疗规范和过失关系的认识应从鉴定人员和司法解释两个层面进行分析。

1. 鉴定人员对违反诊疗规范的后果的认识

在实践中，由于法官缺乏医学专业知识，医疗过失纠纷案件的审判往往要依赖鉴定意见才能完成。多数鉴定人员认为医务人员违反诊疗规范就是有过失，[4]少数鉴定人员认为，违反诊疗规范，推定有过失，至于是否有过失，还需要考虑患者具体情况、地域等因素才能作出判断。[5]个别鉴定人员认为，即使违反诊疗规范也不会推定为有过失。鉴定人员在对诊疗

---

［1］ 纪格非："医疗侵权案件过错之证明"，载《国家检察官学院学报》2019年第5期。

［2］ 朱虎：《规制法与侵权法》，中国人民大学出版社2018年版，第171页。

［3］ 曾见："论《侵权责任法》第58条中的'诊疗规范'"，载《中国卫生事业管理》2017年第8期。

［4］ 宋儒亮主编：《医事法学进展在广东》，法律出版社2016年版，第485页。

［5］ 刘鑫、马千惠："医疗损害鉴定面临的挑战与对策"，载《中国法医学杂志》2018年第1期。

规范进行审查时，如果发现诊疗规范过时，则不再作为鉴定的依据。这种情形下也就不能再以违反诊疗规范为由推定有过失。[1]

2. 司法解释起草人对违反诊疗规范后果的认识

《医疗解释》第 16 条是对医疗过失判定作出的规定，不过，在该司法解释起草人认为医务人员的注意义务与合乎诊疗规范不能等同。同时，医务人员的医疗水平不能被诊疗规范所涵盖。按照这种解释，违反诊疗规范的后果应该是推定有过失。

综上所述，从学界的观点和实践的做法看，对于违反诊疗规范的后果仍存在不同的观点和认识。

二、缺乏违反诊疗规范推定为过失后反证事由的规定

经过分析，如果认为违反诊疗规范应该推定医疗机构有过失，那么就会遇到新的问题，即违反诊疗规范推定过失后，医疗机构可以依据何种事由进行反证呢？

（一）现行法及司法解释未体系性地规定医疗机构的反证事由

《医疗解释》只对医疗过失的判定作出规定，没有对医疗机构的反证事由作出规定。虽然《民法典》没有专设条文对医疗机构的反证事由作出规定，但从立法部门对《民法典》第 1222 条第 1 项的解读来看，他们是认可一种反证事由的，即遇有抢救危急患者等特殊情况，医务人员可能采取不太合规范的行为，但如果证明在当时情况下该行为是合理的，达到了抢救的目的，就可以认定为医疗机构没有过错。[2]

《医疗解释》和《民法典》颁布之前，从我国学者对医疗机构的反证事由的认识来看，大概有三种情况：第一种情况是只指出医疗机构可以反

---

〔1〕 司法部司法鉴定科学技术研究所、上海市法医学重点实验室编著：《医疗纠纷的鉴定与防范》，科学出版社 2015 年版，第 29 页。

〔2〕 黄薇主编：《中华人民共和国民法典侵权责任编解读》，中国法制出版社 2020 年版，第 213 页。

证其自身无过失，但没有提到如何进行反证。[1]第二种情形是医疗机构可以反证，所列举的情形和立法部门在条文解读中列举的情形一样，即抢救危急患者时，医务人员采取的合理但不太合乎诊疗规范的行为，可以反证无过失。[2]第三种情形是只指明违反诊疗规范不等于有医疗过失，但并不列举具体的反证事由。《民法典》颁布之后，满洪杰教授对医疗机构的反证事由进行了体系性的分析。他认为，医疗机构的反证事由包括当时的医疗水平、病情的紧急程度和患者个体差异以及符合患者最大利益和具有科学依据。[3]

我国医疗过失的鉴定实践和司法实践中不断遇到医疗机构反证事由的问题。下面列举两例进行说明。第一个例子是鉴定部门在鉴定实践中遇到的。在某一个医疗过失鉴定的案件中，医疗机构在鉴定之前就将诊疗规范过时的状况向鉴定机构告知，鉴定机构经过调查后发现该诊疗规范确实过时，于是在鉴定中没有使用该诊疗规范。[4]虽然这起案件不会涉及医疗机构的反证，但可以设想一下，如果鉴定机构真的按照过时的诊疗规范进行鉴定，医疗机构在法庭上一定会以诊疗规范已经过时，不符合临床实践情况进行反证。可以说，在这起鉴定的案件中，鉴定机构对医疗机构的反证事由进行了有益的探索，客观上承担了法官应承担的审查医疗机构反证事由是否成立的角色了。第二个例子是诊疗规范存在不一致的情形，这是我国司法实践中有时会遇到的案例。有的法官认为，医务人员可以根据实际情况选择任何一种诊疗规范进行诊疗。法院一旦选定其中一种诊疗规范，审理案件的法官不能以违反另一种诊疗规范为由推定有过失。[5]显然，该法官

---

〔1〕 王利明：《侵权责任法研究（下卷）》，中国人民大学出版社 2011 年版，第 410 页；车辉等编著：《侵权责任法理论与实务》，中国政法大学出版社 2012 年版，第 217 页。

〔2〕 蔡颖雯：《侵权过错认定法律问题研究》，法律出版社 2016 年版，第 262 页。

〔3〕 邹海林、朱广新主编：《民法典评注：侵权责任编》，中国法制出版社 2020 年版，第558 页。

〔4〕 司法部司法鉴定科学技术研究所、上海市法医学重点实验室编著：《医疗纠纷的鉴定与防范》，科学出版社 2015 年版，第 29 页。

〔5〕 宋儒亮主编：《医事法学进展在广东》，法律出版社 2016 年版，第 455 页。

认为诊疗规范不一致时选择其中一种诊疗规范是医疗机构的反证事由之一。

通过上述分析，不难发现，我国立法部门和学界对医疗机构的反证事由的认识是模糊和碎片化的，尚未形成完整的体系性认识。我国鉴定机构和法院对医疗机构的反证事由也进行了一些探索，提出了一些新的医疗机构的反证事由，不过，这些鉴定机构和法院对医疗机构的反证事由的认识也是碎片化和模糊化的。正是这种认识的现状，才使我国现行法及司法解释没有体系性地规定医疗机构的反证事由。

（二）现行法及司法解释未规定医疗机构反证事由造成的弊端

本书认为，我国立法部门、理论界和实践部门对医疗机构反证事由认识的碎片化、模糊化不但对医患双方利益的维护是不利的，而且还会阻碍我国医疗事业的健康发展，具体论述如下：

第一，不利于维护医疗机构的合法权益。如果对医疗机构反证事由的认识碎片化、模糊化，形不成医疗机构反证事由的规范体系，那么在庭审中，当推定医疗机构有过失时，医疗机构提出的反证事由就可能被法官忽略，甚至认为这是医疗机构在找理由推脱责任。这样一来，医疗机构就会有相当大的败诉风险，其合法权益得不到保障。

第二，不利于维护患者的合法权益。医疗机构反证事由不清晰、不完整不利于维护患者的合法权益。比如诊疗规范虽已经过时，医疗机构在医疗行为中没有使用诊疗规范而败诉，为了维护自身的权益，避免败诉，就会在今后的执业中，使用过时的诊疗规范。这样一来，患者疾病的诊断和治疗效果就会变差，其生命权和健康权就难以得到保障。再比如，医务人员所违反的诊疗规范是不合理的，如果不允许医疗机构提出反证，就会导致错误的诊疗规范被应用，这种情形自然也不利于对患者疾病的治疗。

第三，不利于我国医疗事业的健康发展。因为我国医疗机构反证事由没有形成相对完整的规范体系，所以，当过时的或不合理的诊疗规范在医疗行为中未被适用而被推定为有过失，而医疗机构提出的反证事由又不被法官认可时，医疗机构就会被认定为有过失，这种状况自然不利于我国医疗事业的健康发展。

本书认为，如果违反诊疗规范是推定有医疗过失，我国应体系性地构建医疗机构的反证事由规则，从而维护医患双方的合法权益，同时也能促进我国医疗事业的健康发展。

第四节 违反诊疗规范后果的审视

由于学界和实践部门对违反诊疗规范是推定过失还是不产生推定过失的效果仍存在认识分歧，因此，需要对其进行重新审视，从而得出一个恰当的结论。本书从以下两个方面展开论述。

一、基于诊疗规范本质层面的分析

（一）既有学说的评析

1. 诊疗规范本质的三种学说

在 2009 年《侵权责任法》颁布之前，国内学界对于诊疗规范的本质没有讨论过。2009 年《侵权责任法》颁布后，国内学界开始对诊疗规范的本质进行分析。由于分析的进路是通过对 2009 年《侵权责任法》第 58 条第 1 项或《民法典》第 1222 条第 1 项的规范阐释来表述的，因此，其后果都是违反诊疗规范推定为有过失。经梳理共有三种学说。

第一种观点是，诊疗规范是一种公法规范，《民法典》第 1222 条第 1 项界定为转介条款。[1]这种观点被称为"公法规范说"。按照这种观点，公法规范和私法规范并不是"井水不犯河水"，而是互为工具化。公法规

---

〔1〕 朱虎：《规制法与侵权法》，中国人民大学出版社 2018 年版，第 54 页；朱岩：《侵权责任法通论 总论（上册）》，法律出版社 2011 年版，第 361～362 页；张家勇、昝强龙："交通管制规范在交通事故侵权责任认定中的作用——基于司法案例的实证分析"，载《法学》2016 年第 6 期；贾媛媛：《行政法对民事侵权责任之规范效应研究》，法律出版社 2017 年版，第 66 页。

范进入私法中需经由转介条款。从比较法看，有些国家在法典中设置了转介条款，如《德国民法典》第 823 条第 2 款。虽然我国《民法典》没有一般性质的转介条款，但在医疗侵权领域中，第 1222 条第 1 项就是一种转介条款。公法规范经由第 1222 条第 1 项进入侵权法中，并对医疗过失的判定产生影响。

通常而言，违反保护性法律，所产生的法律效果有当然过失说、过失证据说和过失推定说三种观点。学界认为，当然过失说和过失推定说之间的区别较小，行为人都可以主张有免责事由而免责。[1]过失证据说则对行为人较为优待，无论是否有免责事由，只要行为人的行为具有合理性，就没有过失。对于《民法典》第 1222 条第 1 项，持转介条款说的学者都主张，违反诊疗规范，推定医疗行为有过失。[2]

第二种观点是，诊疗规范是一种基本的临床经验，违反诊疗规范对过失的判定具有极大的盖然性，表见证明是《民法典》第 1222 条第 1 项的规范基础，这种学说被称为"表见证明说"。持这种观点的学者是宋平副教授和吴兆祥法官。宋平副教授认为，当患者举证达到《民法典》第 1222 条第 1 项的程度时，就达到了表见证明的要求，接下来就应实行举证责任缓和，由医疗机构举证。[3]吴兆祥法官也认为，《民法典》第 1222 条第 1 项的规定是举证责任缓和的规则，相当于德国法的表见证明规则或英美法的事实自证规则。[4]

第三种观点是，诊疗规范是一种很强的表面证据，可将这种观点称为"表面证据说"。该说认为，违反诊疗规范是医疗机构存在过错的表面证

---

〔1〕 朱虎：《规制法与侵权法》，中国人民大学出版社 2018 年版，第 199 页。

〔2〕 朱虎：《规制法与侵权法》，中国人民大学出版社 2018 年版，第 171 页；朱岩：《侵权责任法通论·总论》，法律出版社 2011 年版，第 377~382 页。

〔3〕 宋平："论医疗侵权诉讼视野下的表见证明"，载《证据科学》2014 年第 3 期。

〔4〕 吴兆祥："诊疗损害责任纠纷举证证明责任研究——对《最高人民法院关于审理医疗损害责任纠纷案件适用法律若干问题的解释》第 4 条的解读"，载《法律适用》2018 年第 3 期。

据，并且是一种很强的表面证据。[1]"表见证明说"和"表面证据说"并无实质上的差别，两者的细微差别在于表见证明说中的盖然性更高一些，表面证据说中的盖然性相对低一些。

2. 对上述三种学说的分析

公法规范说具有一定的合理性。这种观点认识到了公法规范会通过转介条款进入侵权法中并对侵权过失的认定产生影响。现代社会是风险社会，危害事故频发，需要公法规范和私法规范多管齐下，共同对社会状况给予规制和调整。医疗卫生不仅关乎人们的生命健康，还关系医疗事业的健康和有序发展，因此，历来受到行政法规和部门规章等的关注。此处试举一例以作说明：《医师法》第 24 条规定了医师的亲自诊疗义务。该条文是公法规范，经由《民法典》第 1222 条第 1 项进入私法中，并发生推定过失的法律效果。如在童向辉、童晓辉等与凤台县人民医院医疗损害纠纷一案中，一审法院认为，张传良没有亲自诊查，推定其有过错。[2]但公法规范说也有一定的不合理之处，具体理由如下：第一，很多诊疗规范不完全属于公法的范畴，只是一种技术规范。[3]第二，进入转介条款的公法规范须是保护性法律规范，从形式上看，这些规范的法源包括法律、法律解释、司法解释和行政规定。我国发布的绝大部分诊疗相关规范是行业协会制定的，这些诊疗规范无法列入公法的规范中，如采转介条款说，将会把行业协会制定的诊疗规范排除在外。第三，进入转介条款中的规范必须是强制性或禁止性规范，然而大量的诊疗规范不具有这样的特性。正如有医学界人士指出，诊疗规范不是法律法规，不具有强制性。[4]诊疗规范适用时往往强调规范

---

〔1〕　黄薇主编：《中华人民共和国民法典侵权责任编解读》，中国法制出版社 2020 年版，第 213 页。

〔2〕　安徽省凤台县人民法院（2019）皖 0421 民初 1414 号民事判决书。

〔3〕　王利明教授也持有相同的观点，将诊疗规范归入其他行为准则范畴，与法律、道德一道，共同对人的行为发挥规制作用。参见王利明：《侵权责任法研究（上卷）》，中国人民大学出版社 2010 年版，第 334 页。

〔4〕　文元阳主编：《医学导论》，人民卫生出版社 2013 年版，第 172 页；唐金陵、Paul Glasziou 主编：《循证医学基础》，北京大学医学出版社 2011 年版，第 93 页。

性和个体性并行的防治理念。

表见证明说具有一定的合理性，有些违反诊疗规范的情形确实属于典型事象，通过经验法则可知，这些典型事象的发生往往可以推定医务人员有过失。然而，如果将诊疗规范的本质定位为基本临床经验，进而认为违反诊疗规范应适用表见证明规则，则存在一定的问题，具体理由如下：第一，在适用表见证明规则时，经验法则要求应达到85%以上的盖然性。[1] 医疗领域中诊疗规范复杂多样，诊疗规范在医疗行为中能否达到这种盖然性的要求是一个值得怀疑的问题，我国法学界的很多学者对此持肯定态度，但实际上，就诊疗规范整体的状况而言，诊疗规范在医疗行为中能达到的盖然性是无法达到表见证明规则对盖然性的要求的。第二，表见证明规则在医疗纠纷中的运用是受到很大限制的。医学中有大量的人类未知领域、人体的个体差异及患者的过错都会对医疗行为产生影响。医疗结果存在不确定性，通常无法形成一般性的典型事象，患者不能仅仅依据其他相同疾病患者治疗结果良好，而自身的治疗效果较差，就运用表见证明规则，推断医务人员的诊疗行为具有过错，进而要求其承担赔偿责任。从其他国家的情况来看，德国司法实务仅有个别医疗案例运用表见证明制度来减轻医务人员的举证责任，德国在对医师承担民事责任的诉讼中，适用表见证明规则持较为审慎的态度。[2] 我国医疗诉讼中适用表见证明规则裁判的案件也是非常少见。如果将《民法典》第1222条第1项的规范基础确定为表见证明，则说明表见证明规则在我国医疗纠纷中是广泛应用的，而这与该规则在医疗纠纷领域的通常适用状况是不相符合的。

表面证据说也有一定的道理。诊疗规范中载明了医务人员对患者所负有的注意义务。我国制定了很多的诊疗相关规范，其中有些诊疗规范中的

---

〔1〕 姜世明：《举证责任与证明度》，厦门大学出版社2017年版，第231页。
〔2〕 姜世明：《举证责任与证明度》，厦门大学出版社2017年版，第243页。

推荐意见有 A 级证据支持，[1] 除患者具有个体性等因素外，医师应对这些推荐意见予以遵守，并在临床决策中加以体现。如果没有遵守这些推荐意见，则可以推定该医疗行为有过失。从司法实践看，很多鉴定机构往往以医务人员违反诊疗规范而最终鉴定其具有过失。但表面证据说也存在一定的问题。按照该说的表达方式，"很强的表面证据"应该具有很强证明力，从临床证据的类型看，至少应该是 B 级证据，但从我国诊疗规范的制定状况看，多数推荐意见都没有 A 级证据的支持，B 级证据支持的推荐意见也不是很多，如在《儿童社区获得性肺炎管理指南》（2013 年修订）中，共有推荐意见 52 条，只有 8 条推荐意见有 A 级证据支持，约占 15.4%，而 B 级证据支持的推荐意见为 28 条，约占 53.8%，C 级证据支持的推荐意见则有 16 条，约占 30.8%。在没有高质量证据支持的情况下，不同学者可能会有不同的解读，甚至会出现不同的制定机构给出不同的推荐意见的情况。[2] 之所以会出现 A 级证据少的情况，最主要的原因是相关领域的临床研究滞后，证据不足。[3] 如果将诊疗规范的本质定位为表面证据，则会产生如下问题：第一，造成医疗行为缺乏规范依据的状况，与医疗行为的规范化的趋势不符。由于不属于 A 级和 B 级证据支持推荐意见的诊疗规范无法进入《民法典》第 1222 条第 1 项规定的诊疗规范中，而很多诊疗规范的推荐意见又都是基于非 A 级和非 B 级的临床证据形成的，因此，临床实践中很多的医疗行为将没有诊疗规范可以遵守，医务人员可以凭借其个体经验作出医疗行为，这与医疗行为规范化的发展趋势是不相符的。第二，不利于医学科学的发展。在现代医学中，学科不断分化和融合，循证医学

---

〔1〕　如《儿童社区获得性肺炎管理指南（2013 年修订）》中有 52 条推荐意见，其中有 8 条推荐意见有 A 级证据。参见申昆玲总主编：《儿科常见疾病临床指南综合解读与实践——呼吸消化分册》，人民卫生出版社 2017 年版，第 129 页。

〔2〕　唐金陵、Paul Glasziou 主编：《循证医学基础》，北京大学医学出版社 2011 年版，第 98 页。

〔3〕　徐亚妹、周京敏："ESC 心力衰竭协会关于急性心力衰竭患者住院期间全面监测的声明解读"，载《中国循环杂志》2018 年第 2 期。

作为临床医学中的基础科学正处于蓬勃发展中。如果只有 A 级和 B 级证据支持的推荐意见的诊疗规范纳入《民法典》第 1222 条第 1 项的诊疗规范中，那么，C 级证据和 D 级证据支持的推荐意见将不会得到重视，也就没有人花更多时间去研究这些类型的证据，这样一来，循证医学的发展将受到很大影响。

（二）诊疗规范本质的再定位

本书认为，我国不但诊疗规范数量众多，而且类型是多样的。在对诊疗规范的本质定位时，应立足于诊疗规范的整体进行分析，才能找到合适的定位。本书认为，我国诊疗规范应定位在合理的临床证据基础之上，本书称这种观点为合理证据说。下面进行具体分析：

不只是法律实践需要重视证据，在循证模式的临床实践中也需要重视证据。在临床实践中，医学决策过程中需要的一切知识和信息都是证据。当然，本书提出的合理证据说中的"证据"和表面证据说中的"证据"在性质上是一样的。

从诊疗规范中推荐意见的形成的层面来讲，在我国制定的诊疗规范中，基于 A 级证据形成的推荐意见少，基于 B 级、C 级和 D 级证据形成的推荐意见多。这些情况下，推荐意见往往要通过临床证据和专家的共识结合在一起才能形成。相比较而言，A 级证据会使推荐意见强度最大，科学性最强，B 级证据、C 级证据和 D 级证据的推荐强度逐渐降低，科学性也逐渐减弱。[1]基于这些证据制定的推荐意见的不确定性会逐渐增大，甚至在实践中可能会出现推荐意见不一致的情况。

在诊疗规范的质量层面，我国诊疗规范的制定状况正处于发展的初级阶段，与发达国家相关机构制定的诊疗规范的状况相比，存在一定的差距。我国诊疗规范的质量参差不齐，总体质量不高。影响诊疗规范质量的

---

〔1〕 孙旭光编著：《眼科临床指南解读：细菌性角膜炎》，人民卫生出版社 2017 年版，第 5~6 页。

因素很多，主要包括如下因素。第一，真正通过循证制定的指南要比非循证制定的指南更真实和可靠。然而，目前我国真正按照循证方法制定的诊疗规范还不多。第二，我国诊疗规范本土化的程度不高。我国诊疗规范的制定缺乏本土化临床证据，很多是直接翻译或改编自国外的临床实践指南。胡大一教授曾指出，不要盲目照抄照搬美国和欧洲的临床指南，要坚持中国证据、中国数据，贯彻落实中国指南。[1]临床实践表明，在同一种疾病上，存在较为明显的种族差异，如果盲目引入其他国家的诊疗规范，可能会给患者造成不应有的伤害。第三，受到医药公司利益的影响。利益冲突是诊疗规范制定过程中最为常见的偏倚来源，由于国家投入资金有限，诊疗规范的制定过程中常常得到医药企业的资助。有学者指出："有研究调查了 192 位参与 44 个指南制定的专家，其中 87% 与药企有关系，58% 接受企业资助展开研究……更有 7% 认为他们与企业的关系会影响推荐建议。"[2]从我国诊疗规范制定的现状看，除政府投入制定的规范性文件型的诊疗规范外，一部分行业协会制定的指南和共识性的诊疗规范大部分都接受了药企的资助。从国外的情况看，许多临床指南制定机构都制定了相应利益冲突声明政策，甚至一些临床指南制定时，不允许可能存在利益冲突的编写人员参加。近年来，我国诊疗规范发布时逐渐重视利益声明，但从总体情况来看，我国绝大部分诊疗规范发布时都没作出利益声明。[3]第四，制定诊疗规范所依赖的相关文献不可靠。真实可靠的诊疗规范应对过去 1 年的文献进行全面检索，并应尽可能地使用当前可以得到的最佳证据，并应对每一个推荐意见标注相关证据等级和相关文献来源。同时还要

---

〔1〕 胡大一："中国临床指南与共识存在三大问题"，载 https://www.haodf.com/zhuan-jiaguandian/lizhubindr_ 4896361663. html。

〔2〕 胡晶、詹思延："中国临床实践指南制定的现状与建议"，载《中国循证心血管医学杂志》2013 年第 3 期。

〔3〕 周世灿等："2016~2018 年中国结直肠癌临床实践指南的质量评价"，载《中国肿瘤外科杂志》2019 年第 1 期；周韦禾等："中国眼科临床指南的质量评价"，载《中国循证医学杂志》2019 年第 1 期。

对这些医学文献进行评估，因为有些医学文献存在严重的质量缺陷，并有可能对诊疗规范的制定产生误导作用。显然这样的诊疗规范给医务人员的临床实践带来的有效指导不会太高。

尽管我国相关机构制定的诊疗规范存在上述不足，但是医学界的学者都认为，与个人经验相比，诊疗规范还是更具有合理性，具体理由有如下两点：第一，对于通过循证方法制定的诊疗规范而言，证据质量越高，推荐意见往往就会越强，即使是第3级和第4级的推荐意见，也是基于C级证据、D级证据和专家共识形成的，[1]这种推荐意见也具有一定的科学性和可靠性，应该在临床实践中予以遵循，正如有学者所言，第4级推荐意见在临床实践中也应尽量采用。[2]第二，对于专家共识而言，虽然通过正式专家共识制定法制定的诊疗规范，还是会受到专家个人意见的影响，而且推荐意见和证据等级也未建立完全的对应关系，但与通过非正式专家共识制定法制定的诊疗规范相比，正式专家共识制定法的诊疗规范的质量还是相对科学和可靠的，因为这些诊疗规范的形成不仅是专家临床经验的总结，还是对证据进行分析的结果。目前，在对待我国已经制定的诊疗规范的态度上，我国医学界学者较为一致的观点是诊疗规范优于个人经验，应尽可能采用。[3]

综上所述，从整体来看，我国相关机构制定的诊疗规范还是具有合理性的。虽然尚存在诸多缺陷，但多数情况下体现了我国诊疗规范制定的当前水平。随着我国相关部门不断借鉴国际上先进的诊疗相关规范制定的理念和方法以及认真研究本土化的临床证据，我国诊疗规范的制定水平必将有较大的提升。

---

〔1〕 李幼平主编：《循证医学》，人民卫生出版社2014年版，第242页。

〔2〕 王小钦："正确理解和应用临床实践指南"，载《浙江医学》2017年第6期。

〔3〕 韩光亮、郭崇政主编：《临床循证医学》，中国医药科技出版社2016年版，第173页；刘续宝、孙业桓主编：《临床流行病学与循证医学》，人民卫生出版社2018年版，第176页；李幼平主编：《循证医学》，人民卫生出版社2014年版，第246页。

与其他学说相比，将诊疗规范定位于合理证据说的价值主要体现在如下方面：第一，反映了我国诊疗规范的全貌。"表见证明说"和"表面证据说"都没有体现我国诊疗规范制定的整体状况，只有本书提出的合理证据说是建立在诊疗规范的整体基础之上的。第二，能够促进医疗行为的规范化。采纳合理证据说，能够将各种证据支持的推荐意见的诊疗规范容纳进来，使医疗行为有据可循，全国各地针对同一种疾病都基本采纳相同的诊治方式，这样，医疗行为就能实现规范化，医疗水平的同质化的目标最终也会成为现实。第三，能科学界定违反诊疗规范和过失关系的再分歧。违反诊疗规范是推定过失还是只是一种参考资料和违反诊疗规范是否推定过失的问题的解决都依赖于我国诊疗规范的制定状况，如果不基于我国诊疗规范整体的制定状况，对违反诊疗规范与过失关系的分歧进行审视，得出来的结论自然是不可靠的。

综上所述，将诊疗规范的本质定位在公法规范，盖然性极高的临床经验和很强的表面证据都不是最妥当的，应将诊疗规范定位在合理证据上才具有合理性。

(三) 对违反诊疗规范后果的再定位

在理清我国诊疗规范的本质是合理证据后，可以对违反诊疗规范的后果进行分析了。

推定规范是证明责任规范中的一种规范类型，也是民法和诉讼法的共同议题。各国民法典中规定了不少的推定规范。推定规范的法律构造包括基础事实和推定事实，其中推定事实是法律效果之要件事实。关于基础事实和推定事实之间的联系，学界主要有两种观点：一种观点是二者之间存在高度盖然性，[1]正是这种逻辑上的高度联系，才会使该推定具有正当性。如果对盖然性的要求不高，可能会导致盖然性不一的推定的出现，进而引发司法恣意和裁判不统一的情况。另一种观点是受到多元价值的影

---

[1] 周翠："从事实推定走向表见证明"，载《现代法学》2014 年第 6 期。

响，基础事实和推定事实之间发生推定关系，有的是基于二者之间具有高度盖然性，有的则是基于其他因素，如对弱势一方给予保护、公共政策的考量、程序便利和降低一方证明难度等。[1]

在诊疗规范推定医疗过失的问题上，学者们往往认为，产生这种推定关系的基础是二者之间具有高度盖然性，主张表面证据说的立法者也认为，基础事实和推定事实之间具有非常高的盖然性。基于 A 级证据产生的推荐意见的诊疗规范强度高，而根据 B 级证据、C 级证据和 D 级证据产生推荐意见的诊疗规范的强度逐渐减弱。违反诊疗规范的后果尚需具体分析：对于基于 A 级证据产生的推荐意见的诊疗规范而言，这种诊疗规范质量可靠，科学性强。医学界人士认为，除非有禁忌症，否则这种诊疗规范都是应该遵守的。[2]由于这种诊疗规范属于非常强的表面证据，是任何医疗行为都不能违反的，在违反诊疗规范和医疗过失之间具有高度盖然性，当违反这种诊疗规范时，可以推定为有医疗过失。对于违反 B 级证据产生的推荐意见的诊疗规范的问题，本书认为，从诊疗规范的本质看，违反这种推荐意见的诊疗规范，也应该推定医疗行为有过失，具体理由如下：一般而言，B 级证据中至少有 1 个较高质量的随机对照试验，[3]这种证据属于高质量的证据，[4]基于这种证据产生的推荐意见，虽不具有 A 级证据支持的推荐意见那样极高的强度，但其强度也是相当高的。这种诊疗规范的质量比较可靠，科学性也比较强，因此违反这种推荐意见的诊疗规范，应推定为有医疗过失。对于 C 级或 D 级证据支持的推荐意见的诊疗规范而言，都是基于一定的证据和专家共识产生的，往往比个体临床经验更具合理性。如果没有遵循这些推荐意见，则往往不利于疾病的诊断、治疗和康

---

〔1〕 有些学者对其他因素进行了不完全的梳理。钟维："论民法中的推定规范"，载《东方法学》2015 年第 6 期；张海燕："论不可反驳的推定"，载《法学论坛》2013 年第 5 期。

〔2〕 李幼平主编：《循证医学》，人民卫生出版社 2014 年版，第 246 页。

〔3〕 李幼平主编：《循证医学》，人民卫生出版社 2014 年版，第 242 页。

〔4〕 王小钦、王吉耀主编：《循证临床实践指南的制定与实施》，人民卫生出版社 2016 年版，第 28 页。

复。临床实践模式从个体经验模式发展到循证模式的原因就是个体经验不合理，循证模式能促使医疗行为更加合理。C 级或 D 级证据支持的推荐意见，虽然并不像 A 级证据和 B 级证据支持的推荐意见具有那么高的强度，但这种推荐意见的强度也不低，至少大于 50%。医学界对这种推荐意见的总的态度是，这两种推荐意见的不确定性在增强，但如果没有充分理由的话，还是应该予以遵循。[1]本书认为，违反这种推荐意见的诊疗规范，也应该推定医疗行为有过失，但与违反其他证据产生的推荐意见的诊疗规范相比，医疗机构在违反诊疗的反证事由上则更加宽松。

由于诊疗规范比个人经验更具有合理性，在实施医疗行为时要尽量采用诊疗规范，因此，诊疗规范是一种参考资料以及违反诊疗规范对过失不产生影响的观点都是错误的。

二、基于诊疗规范功能层面的分析

从法律层面来看，除《民法典》之外，还有其他法律涉及诊疗规范，这些法律主要包括《预防和处理条例》《基本医疗卫生与健康促进法》和《医疗质量管理办法》。《预防和处理条例》第 9 条只规定了医疗机构及其医务人员应遵守诊疗规范，并没有规定诊疗规范在医疗行为中的功能，因此也就无法判断违反诊疗规范是推定医疗过失，还是仅为参考资料，不产生推定过失的效果。《基本医疗卫生与健康促进法》第 43 条和第 54 条分别规定了医疗机构应当遵守诊疗规范和医务人员应当遵守诊疗规范，[2]但《基本医疗卫生与健康促进法》也没有对诊疗规范的功能作出规定，也无法从该条中看出违反诊疗规范是推定过失，还是仅为参考资料，不产生推定为过失的效果。《医疗质量管理办法》对诊疗规范的规定最为全面。该法除第 15 条、第 17 条规定了医务人员应遵守诊疗规范和遵循临床诊疗指

---

〔1〕 李幼平主编：《循证医学》，人民卫生出版社 2014 年版，第 246 页。

〔2〕 申卫星主编：《〈中华人民共和国基本医疗卫生与健康促进法〉理解与适用》，中国政法大学出版社 2020 年版，第 135 页和第 163 页。

南，还在第 6 条中规定了诊疗规范的作用，即诊疗规范和指南用于指导临床实践。由于诊疗规范在临床实践中发挥的是指导作用，基于此，违反诊疗规范应推定为有医疗过失，不能认为违反诊疗规范对医疗过失不产生任何影响，如果不是推定过失，而是一种参考资料，则要求医务人员遵守诊疗规范的规定将成为一纸具文。

从医疗行为的运行实践层面来看，我国相关部门对诊疗规范在实践中的功能进行了定位。《对十二届全国人大四次会议第 3822 号建议的答复（摘要）》中指出，制定技术规范的目的在于指导临床实践活动。《关于印发儿童社区获得性肺炎诊疗规范（2019 年版）的通知》要求医方对该诊疗规范遵照执行，在该诊疗规范的"简介"中指出，该规范是一个总的原则，在适用中应考虑地域、经济和文化等具体情况。《关于加强肿瘤规范化诊疗管理工作的通知》指出，制定肿瘤的相关诊疗规范的目的是指导临床实践活动。《〈需要紧急救治的急危重伤病标准及诊疗规范〉解读》指出，该规范应结合患者具体情况和医疗单位的实际情况予以适用。《关于印发儿童腺病毒肺炎诊疗规范（2019 年版）的通知》中指出，该诊疗规范结合临床诊疗实际参照执行。《国家卫生健康委办公厅关于印发儿童血液病、恶性肿瘤相关 10 个病种诊疗规范（2019 年版）的通知》指出，这些诊疗规范结合临床诊疗实际参照执行。学者们也对诊疗规范在实践中的功能进行了研究。在《儿科常见疾病临床指南综合解读与实践——呼吸消化分册》一书中，陆权教授指出，指南的推荐意见具有原则性，面对具体的患者应具体对待。[1] 郭崇政、平卫伟教授认为，诊疗规范在临床实践中具有指导作用，诊疗规范的适用应考虑患者具体情况、地域因素、患者的价值观念等因素，不能强制性地、盲目地使用诊疗规范。[2] 田金徽教授指出，诊疗规范的适用应考虑患者个体差异、患者的价值观念、地域因素、

---

〔1〕 申昆玲总主编：《儿科常见疾病临床指南综合解读与实践——呼吸消化分册》，人民卫生出版社 2017 年版，第 129 页。

〔2〕 韩光亮、郭崇政主编：《临床循证医学》，中国医药科技出版社 2016 年版，第 172 页。

医疗机构的资质因素。[1]

当然，在解读诊疗规范的功能时，也应当与我国医疗行为的发展脉络结合起来，尽管诊疗规范具有的是指导功能，但不能将指导功能解读为遵守与否都无所谓，因为不遵守诊疗规范不符合我国医疗行为规范化的发展规律。

由此可见，在临床实践层面，诊疗规范发挥的是指导性作用，不能认为诊疗规范只是一种参考资料，违反诊疗规范不产生任何效果，违反诊疗规范应推定为有过失。

第五节　医疗机构反证事由规则的构建

在明确违反诊疗规范应推定有医疗过失后，就应该对医疗机构的反证事由进行研究了。为了能够对医疗机构的反证事由有一个清晰的认识，需要将医疗机构的反证事由具体化。

一、医疗机构反证事由规则构建的依据

（一）符合我国现行法的规定

构建医疗机构具体的反证事由要有依据，否则医疗机构具体反证事由的构建既不科学又不严谨。本书认为，构建医疗机构反证事由的依据之一是必须符合我国现行法的规定，如果背离现行法的规定，则不但所构建的医疗机构的具体反证事由将丧失合法性，而且法律之间也会出现冲突。我国《民法典》第 1221 条规定了医疗水平是医疗过失的判定标准，在构建医疗机构的反证事由时，必须符合《民法典》等法律的规定，不能让医疗机构在通过反证后就改变了医疗过失的判定标准。我国多部法律都要求医务人员遵守诊疗规范，在确定医疗机构的具体反证事由时，必须符合这些

---

〔1〕 王小钦、王吉耀主编：《循证临床实践指南的制定与实施》，人民卫生出版社 2016 年版，第 117 页。

法律的要求，不能让医疗机构在通过反证后即可以不遵守诊疗规范。

符合我国现行法的规定，是指符合我国现行法中有关诊疗规范的规定。从我国现行法的规定来看，可以将其划分为两种类型：一种类型是单行法中有关诊疗规范的规定。截至目前，我国在医疗卫生领域颁布了很多法律，如《医师法》《护士条例》等。这些法律中都有诊疗规范的规定。另外一种类型是综合性法律中有关诊疗规范的规定。这些综合性法律包括《民法典》《医疗质量管理办法》等，如《民法典》第 1221 条规定了医疗水平是医疗过失的判定标准；《医疗质量管理办法》第 6 条规定了诊疗规范在临床实践中具有指导作用。

（二）符合医学科学的发展规律

医学科学的发展有一定的规律可循。构建医疗机构具体反证事由的依据之二是必须尊重这些规律，而不能违背这些规律，在不尊重这些规律的基础上构建的医疗机构的反证事由会给医务人员带来导向性错误，既不利于患者疾病的治疗，又不利于维护医疗机构的合法权益。

在尊重医学科学规律基础上构建医疗机构反证事由，我国已经出台的法律历来存在规范解释不足的问题。近些年来，我国制定了不少与医疗有关的法律，其中只有通过立法释义的方式对《民法典》进行了官方解读，其他法律出台后，立法部门几乎不对其进行官方解读，这种现状不利于在尊重医疗科学规律的基础上的医疗机构反证事由规则的构建。下面举例进行分析。《医师法》第 22 条第 1 项规定，医师有权选择合理的医疗方案，第 23 条第 2 项规定，医师应遵守诊疗规范。应该如何解释条文中"合理的医疗方案"呢？尊重医学科学规律的诊疗规范固然属于合理的医疗方案，违背医学科学规律的诊疗规范是否属于合理的医疗方案呢？立法部门没有给出具体解释。这就给人们确定医疗机构的反证事由造成了困境。对此，本书认为，违背医学科学规律的诊疗规范是不合理的医疗方案，如果因为未遵守这种诊疗规范而被推定为过失，则医疗机构可以反证。顺带提及的是，加强相关法律的解释有助于丰富和完善医疗机构的反证事由，我国立法部门应该在法律颁布后，做好法律的解释工作，以便为医疗机构反证事由规则的构建提供思路。

（三）符合我国诊疗规范制定的现实状况

从经验模式到循证模式是临床实践的发展脉络之一。很多国家都已经在临床中逐渐开展循证模式，但开展的程度和诊疗规范制定的状况均有不同，我国在构建医疗机构反证事由的依据时，应符合我国诊疗规范制定的现实状况，不能背离这些状况进行构建。

在这方面，我国应加强医学与法学的联系，诊疗规范既是一个医学问题，又是一个法律问题，如果对诊疗规范缺乏深入的了解，必然会对《民法典》第1222条第1项的理解存在偏差，进而无法确定医疗机构反证事由的规则。从我国学界对诊疗规范的研究来看，基本上属于医学界和法学界自说自话的状况，相互之间缺乏交流和沟通，虽然很多省的法学会之下设立了医事法研究会，但截至目前，他们对医疗机构的反证事由这一议题并未展开深入研究。我国应建立一种交流平台，平台应吸收医学界和民法学界的学者参加，其中，医学界应保证有循证医学学者的参与，因为这些学者是专门研究诊疗规范的制定的，他们对诊疗规范的制定状况较为熟悉。民法学界应以研究侵权责任的学者为主，因为医疗机构的反证事由规则规定在《民法典》侵权责任编中。平台可以设置在医事法研究会之下，研究会负责人应由医学界和法学界学者共同担任。我国还应在交流平台基础上建立一种定期交流机制，不应局限于一年一次的年会，而应定期召开会议。在会议内容上，医学界学者主要负责提供每个具体的诊疗规范的制定状况和诊疗规范的信息，法学界学者主要针对这些信息和知识进行分析和研究，为正确确定医疗机构反证事由规则提供良好的建议。

二、医疗机构的具体反证事由

本书认为，医疗机构的反证事由较为复杂，应根据反证事由的具体情况进行类型划分，下面对其进行具体分析。

（一）医疗机构的最终反证事由

1. 医疗机构最终反证事由的内涵

最终反证事由是指当推定过失后，这种反证事由一旦成立，医疗机构就不再具有医疗过失，当然也就不再承担侵权责任。

医疗机构的最终反证事由和医疗机构的免责事由有一定的关系：两者之间的共性是有些情形既属于医疗机构的最终反证事由，又属于医疗机构的免责事由。根据《民法典》第1224条第1款第2项、第3项的规定，本书所列举的两种最终反证事由都属于医疗机构的免责事由。两者之间的差异体现在如下方面：第一，医疗机构的最终反证事由仅仅是就医疗机构层面而言的，而医疗机构的免责事由则不仅仅是在医疗机构层面而言，也可能是在患方层面而言的，如患者或近亲属不配合医疗机构采取的符合诊疗规范的治疗等。第二，医疗机构进行最终反证的前提是医务人员违反诊疗规范，而医疗机构主张免责的前提却未必是医务人员违反诊疗规范的情形。医务人员虽违反诊疗规范却符合医疗水平的行为，固然是医疗机构的免责事由，但医疗机构的免责事由也可以是指医务人员符合诊疗规范的情形。《民法典》第1224条第1款规定的医疗机构免责事由中不包括不可抗力，但由于《民法典》第180条将不可抗力规定为民事责任的免责事由，因此，不可抗力应该是医疗机构的法定免责事由。但不可抗力却不能笼统地纳入医疗机构的最终反证事由之中，因为在不可抗力情形下，医疗机构的行为既可能是符合诊疗规范的，也可能是违反诊疗规范的。虽然《民法典》没有规定医疗意外是医疗机构的免责事由，但学理上认为，医疗意外是医疗机构的免责事由之一。[1]意外事件不能笼统地纳入到医疗机构的最终反证事由中，因为在意外事件情形下，医疗机构的行为既可以是符合诊疗规范，也可能是违反诊疗规范的。

---

〔1〕 杨立新：《医疗损害责任法》，法律出版社2012年版，第116页。

2. 医疗机构最终反证事由的具体类型

（1）尽到了当时的医疗水平。

达到当时的医疗水平可以包括两个方面：一种情形是医务人员的医疗行为体现的水平与当时的医疗水平相当；另一种情形是医务人员的医疗行为所体现出来的水平超越了当时的医疗水平。

在规范层面，由于《民法典》第 1221 条将医疗水平标准规定为医疗过失的判定标准，第 1224 条第 1 款第 3 项又将"限于当时的医疗水平难以诊疗"规定为医疗机构的免责事由，因此，当患方主张医务人员违反诊疗规范时，医疗机构可以以当时情况下，医务人员虽然违反诊疗规范，但他们实施的医疗行为是符合医疗水平为由进行反证。这种反证事由一旦被认定成立，则医疗机构就没有医疗过失，当然也就不再承担侵权责任。

从实践层面看，我国不同等级的医院有不同的功能定位，三级医院是承担科研任务的高水平医疗机构。[1]有些医疗发达地区的三甲医院具有高超的技术水平，他们立足于世界信息的前沿，他们对某些疾病的治疗已经处于世界先进水平，如果他们医疗行为体现出的水平已经超出诊疗规范体现出来的水平，这个时候，也应允许他们以达到当时的医疗水平为由进行反证。

这种反证事由的构建，既不违反我国现行法律，又符合医学科学规律。就前者而言，根据《医疗质量管理办法》第 6 条的规定，诊疗规范对医疗行为的实施具有指导作用，这表明并不是任何时候都绝对遵守诊疗规范，当某些医院的医疗水平已经超出当时的医疗水平，应允许他们根据实际的医疗水平进行治疗。虽然《医师法》第 23 条第 2 项规定，医师要遵守诊疗规范，但该法第 22 条第 1 项也明确规定医师有权选择合理的诊疗方案。就后者而言，医学是探索性的学科，是在不断的探索中向前发展，如果固守于诊疗规范，就违背了医学规律。

---

〔1〕　张鹭鹭、王羽主编：《医院管理学》，人民卫生出版社 2014 年版，第 5 页。

（2）尽到了紧急情况下的合理诊疗义务。

有学者赞同尽到了紧急情况下的合理诊疗义务是医疗机构的反证事由。[1]《民法典》第1224条第1款第2项规定的是紧急情况下医务人员的诊疗义务的问题。当患者主张医务人员的行为违反诊疗规范时，医疗机构可以以在当时紧急情况下，医务人员虽然违反诊疗规范，但他们实施的医疗行为是合理的，并不具有医疗过失为由进行反证。这种反证事由一旦被认定成立，医疗机构就没有医疗过失，当然也就不承担侵权责任。本书对这种观点持肯定态度。

（二）医疗机构的初步反证事由

医疗机构的初步反证事由是指能够推翻推定医疗机构有医疗过失的反证事由。这种反证事由一旦被认定成立，医疗机构有过失的推定就被推翻，不过，这并不表明医疗机构就不具有医疗过失，患者需要再次举证证明医务人员的医疗行为有过失，医疗机构也需要对其无医疗过失进行抗辩。这种情况下，可能会涉及医疗过失再次鉴定的问题。

1. 患者的个体差异

有学者赞同个体差异是医疗机构的反证事由。[2]个体差异是就患者的临床特征而言的，患者不积极配合治疗和患者延误治疗虽然属于个别患者的情况，但不属于医学上的个体差异。本书赞同将患者的个体差异列为反证事由之一，具体理由如下：第一，从诊疗规范的自身情况看，在其他国家发布的临床实践指南中，有的指南明确指出，"适用于大多数病人的疾病状况，但不可能对所有的病人都适用"[3]，类似的说法在其他指南中也较为常见。在我国，诊疗规范在临床实践中发挥的是指导作用，诊疗规范

---

[1] 邹海林、朱广新主编：《民法典评注：侵权责任编》，中国法制出版社2020年版，第558页。

[2] 邹海林、朱广新主编：《民法典评注：侵权责任编》，中国法制出版社2020年版，第558页。

[3] 孙旭光编著：《眼科临床指南解读：细菌性角膜炎》，人民卫生出版社2017年版，第5页。

也是建立在患者平均人群的基础上的，它无法适用于全体患者，因此当患者存在个体差异而无法适用诊疗规范时，应予以允许。从我国发布的诊疗规范看，有的诊疗规范明确指出要考虑患者个体差异，如在《中国原发性肺癌诊疗规范（2015 年版）》的"诊疗流程和随访"中就明确指出，该规范仅作参考，要考虑患者差异。当然，即使有的诊疗规范未明确要求考虑患者个体差异，但在适用该诊疗规范时也应考虑患者个体差异。第二，从我国法律和司法解释层面来看，《基本医疗卫生与健康促进法》第 54 条规定："医疗卫生人员应遵循医学科学规律，遵守有关临床诊疗技术规范……"，虽然该条并没有提及考虑患者个体差异，但由于考虑患者个体差异是医学科学规律的内容之一，因此可以认为，该条允许医疗卫生人员在实施医疗行为中考虑患者个体差异。与法律的规定相比，司法解释规定得更加明确。《医疗解释》第 16 条规定："对医疗机构或者其医务人员的过错，应当依据法律、行政法规、规章以及其他有关诊疗规范进行认定，可以综合考虑……患者个体差异……"，这些规定可以说明，我国法律和司法解释允许当患者存在个体差异时，可以不遵守诊疗规范。国家卫生主管部门每年都发布很多诊疗规范，不过这些诊疗规范的发布通知的表述用语却有所不同，有的要求遵照执行，有的要求参照执行，这是否表明遵照执行的诊疗规范，就不考虑个体差异，而参照执行的诊疗规范就需要考虑个体差异呢？本书仍持否定态度。因为，对诊疗规范而言，遵照执行和参照执行只是不同的机构或专家制定诊疗规范时所使用的不同表述，两者之间并无实质的差别。对此可以通过举例作出说明：在发布《中国原发性肺癌诊疗规范（2015 年版）》时，通知中要求遵照执行，但该诊疗规范却在"诊疗流程和随访"中指出，该规范仅仅是参考，适用时要考虑患者差异。再如《恶性淋巴瘤诊疗规范（2015 年版）》的发布通知中也是要求遵照执行，但该诊疗规范在文中最后一段中指出，患者差异较大，该规范仅作参考。在《需要紧急救治的急危重伤病标准及诊疗规范》的发布通知中，要求参照执行，但在该诊疗规范的解读中，也明确提出在执行时要考虑患者的特点。第三，从鉴定运行实践来看，患者提出个体差异，有利于减少鉴定次数。诉讼过程中未考量病患的特殊情形往往是多次鉴定的主要原因。在吴俊颖、赖惠蓁等学者撰写的《医疗纠纷重复鉴定之实证研究》一文列举的"胸腔良性肿瘤案"中，前后共进行过七次鉴定，其中前四次鉴定都是按照一般病患进行鉴定，从第五次鉴定时起才发现患者具有特殊病情，不能按照一般病患的情形进行鉴定。后三次鉴定都是根据患者的特殊情形进行鉴定的，鉴定结果都是医务人员的医疗行为无疏失。[1]当患方提出医务人员违反诊疗规范时，允许医疗机构以患者具有个体差异来进行反证具有重要意义。如此可以减少鉴定次数，避免重复鉴定现象的出现。

患者具有个体差异时可以不遵守诊疗规范，面对具有任何个体差异的患者都不应按照诊疗规范实施医疗行为。在医学界学者看来，具体的患者和患者的个体差异是不同的概念。在诊疗规范面前，每个患者都是具体的，但并非每个患者都具有个体差异。面对具体的患者，医务人员在为其实施医疗行为时，要看其是否有个体差异，如果存在个体差异，不能按照诊疗规范对其实施医疗行为时，就不能再根据诊疗规范实施医疗行为。[2]

2. 诊疗规范已经过时

我国诊疗规范的数量众多，覆盖面广。我国正在使用的诊疗规范有时会存在诊疗规范过时的问题。一般而言，诊疗规范 2 年就要更新一次，在实践中，我国诊疗规范更新的频率较低，很多诊疗规范的更新周期超过 3 年，这样一来，诊疗规范就存在过时的问题。[3]目前，我国实践中已经发现有过时的诊疗规范被用于医疗过失的判定中，为了维护患者的利益和促进医疗事业的健康发展，当诊疗规范过时时，就应当允许医务人员不按照

---

〔1〕 吴俊颖等："医疗纠纷重复鉴定之实证研究"，载《月旦法学杂志》2011 年第 11 期。

〔2〕 刘续宝、孙业桓主编：《临床流行病学与循证医学》，人民卫生出版社 2018 年版，第 175 页。

〔3〕 康德英、许能锋主编：《循证医学》，人民卫生出版社 2015 年版，第 69 页。

诊疗规范实施医疗行为，而是按照新获得的临床证据开展临床实践。在这种情况下，当患者以医务人员违反诊疗规范为由推定医务人员有过失时，医疗机构可以以诊疗规范过时为由进行反证。在法学界，也有学者主张诊疗规范过时是医疗机构反证的事由，因为该诊疗规范未必符合诊疗行为发生时的医疗水平。[1]

诊疗规范过时与未尽到当时的医疗水平是两个问题：一方面，前者仅仅是诊疗规范层面的问题，而后者则是一个综合考量因素的结果，是否符合医疗水平标准不是看是否违反诊疗规范，而是要看与其他同行的做法是否一致。另一方面，即使评价医疗水平标准考虑诊疗规范因素，由于衡量医疗水平标准的因素中包含地域因素，对于某些医疗机构而言已经过时的诊疗规范，对于其他医疗机构可能并未过时，已经过时的诊疗规范并不代表着未尽到当时的医疗水平。通过对两个方面的分析，可以发现诊疗规范过时可以作为独立的反证事由而存在。

3. 诊疗规范具有不合理性

在循证医学看来，正在使用的诊疗规范可能会存在一定的不合理性，这种现象在我国和其他国家都存在。诊疗规范存在不合理性的原因有多种，如翻译国外临床指南形成的诊疗规范，诊疗规范依托的临床证据不真实或科学性不高，受医药公司等相关主体的利益因素的影响，制定的诊疗规范可能会不客观、不真实[2]。

这种情形与最终反证事由中的"超出当时的医疗水平"不同：一方面，医疗水平是一种综合因素考量的结果，不仅仅是诊疗规范这一种因素。另一方面，超越当时的医疗水平并不否定现有诊疗规范制定的科学性

---

[1]　邹海林、朱广新主编：《民法典评注：侵权责任编》，中国法制出版社 2020 年版，第558 页。

[2]　王小钦、王吉耀主编：《循证临床实践指南的制定与实施》，人民卫生出版社 2016 年版，第 5~6 页；黄超等："深化医改背景下我国临床实践指南规范化发展的探讨"，载《中国卫生质量管理》2018 年第 4 期；Primiano Iannone 等："错误指南的成因及发生情况"，载《中国医院院长》2017 年第 12 期。

与合理性，只是随着临床实践和医学科学研究的不断发展，又发现了新的临床证据，从而使医疗水平可以向更高的方向提升。超越当时的医疗水平有时并不是否定当时的医疗水平，因为超越当时的医疗水平往往是我国一流的医疗机构在临床实践中逐渐形成的，这些最新的医疗技术的传播尚需要一定的时间才能被国内其他医疗机构逐渐接纳，因此，超越当时的医疗水平是针对个别医疗机构而言的，并不否定整体的医疗机构的医疗水平。而诊疗规范本身存在一定的问题是指现有的临床证据证明该诊疗规范具有不科学和不合理之处，这种情况与整体医疗水平有一定的关系。

诊疗规范的不合理性与诊疗规范过时是两个问题，诊疗规范存在不合理性是指前述原因使得诊疗规范不科学、不合理和不清晰，而诊疗规范过时并不是由于诊疗规范的形成过程中存在错误因素，只是由于未对其进行更新。

当诊疗规范存在不合理时，医务人员不能在临床实践中继续使用该诊疗规范。这种情况下，当患者提出医务人员违反诊疗规范应推定有过失时，医疗机构可以以诊疗规范存在不合理之处进行反证。当然，这种情况下对医务人员应有较高的论证要求，要说明其选择的医疗行为更加具有合理性，而且不同临床证据等级形成的诊疗规范所需要的理由也不同，越是高等级临床证据形成的诊疗规范，指出其存在不合理性所需要的理由要更强，越是低等级临床证据形成的诊疗规范（如 C 级和 D 级证据形成的诊疗规范），指出其存在不合理性所需要的理由越会变弱。[1]

三、医疗机构反证事由规则构建的方式

对医疗机构反证事由规则的构建，较为理想的方式是对《民法典》第 1222 条进行修改，规定反证事由规则，然而，《民法典》刚刚开始颁布实施，短期内对其进行修订是不现实的事情。基于此，本书建议对已经颁布

---

〔1〕 李幼平主编：《循证医学》，人民卫生出版社 2014 年版，第 246 页。

实施的《医疗解释》进行修订，增加反证事由规则。

在《医疗解释》中规定反证事由，具体条文可以表述为：医疗机构可以通过下列理由进行反证：（1）尽到当时的医疗水平；（2）尽到紧急情况下的合理诊疗义务；（3）患者的个体差异；（4）正在适用的诊疗规范已经过时；（5）诊疗规范具有不合理性；（6）其他事由。该条的位置应安排在该解释第16条之后，因为第16条解决的是医疗水平衡量因素的问题，这两个条文都属于和过失判定有关，因此应保持逻辑上的联系。

在这些事由中，前两种事由是最终反证事由，后几种事由是初步反证事由，不过，这种类型划分没必要在条文中体现出来，具体理由有二：第一，从法技术层面看，法律条文应当简洁、明确和用语准确。在条文中表述最终反证事由和初步反证事由会使条文表达过于复杂、不简洁。第二，更为重要的是，即使不在条文中表述最终反证事由和初步反证事由，也可以通过法律解释的方法解释出来，因为前两种事由都可以借助于《民法典》第1221条和第1224条第1款第2项的规定，解释为最终反证事由，而根据《民法典》第1224条的规定，其他事由都不属于医疗机构的免责事由，因此这些事由都应属于初步反证事由。

在这个拟定的条文中，设置"其他事由"的意图在于保持医疗机构反证事由的开放性，容纳其他的反证事由，而不是仅仅列举的这几种情形。

第四章

医疗水平标准的体现：
证明障碍情形医疗过失的判定

患者在对医疗过失举证证明时，有时会遇到证明障碍，这种情况下须对医疗过失的判定作出正确的处理，才能够维护医患双方的合法权益，促进医学科学的健康发展。

第一节 医疗过失判定中证明障碍的界定

一、证明障碍的内涵

证明障碍的界定须先从其内涵入手，下面开始对医疗过失判定中证明障碍的内涵进行分析。

（一）证明障碍的语义分析

"障碍"一词在科学研究中广泛使用，涉及法律、医学、物理等多个学科。这个词在日常生活中的使用率也很高。《新华字典》将"障碍"解释为阻挡进行的事物。[1]"阻挡"有拦住和挡住的意思，和"阻拦"是近义词。[2]不难看出，"障碍"更偏重于人为因素阻挡事务的发展进程。汉

---

〔1〕 中国社会科学院语言研究所：《新华字典》，商务印书馆 2011 年版，第 635 页。
〔2〕 唐文辞书编委会编：《实用新华词典》，湖南教育出版社 2013 年版，第 1217 页。

语中"困境"是有穷苦、艰难之意，[1]"困境"和"困难"相差无几。"障碍"和"困境""困难"的含义不太相同，它有阻挡的意思。

《新华字典》将"证明"解释为用人、物、事实来表明或断定。[2]这样一来，可以大致将证明障碍解释为在用人、物、事实来表明或断定某事物中存在阻挡因素。通过在知网进行检索，"证明障碍"一词的使用范围较为有限，主要应用于法学学科。在语义上，可将医疗过失判定中的证明障碍指向在用人、物、事实来表明或断定是否存在医疗过失时，存在阻挡因素。

（二）证明障碍的特征

本书使用"证明障碍"一词，并不是要解决医疗过失纠纷中所有举证困难的问题，而是旨在解决因人为原因造成举证一方证明困难的问题。在本书中，医疗过失判定中的证明障碍的内涵，应从以下三个方面予以把握。

1. 证明障碍的形成是人为因素造成的

证明障碍的形成是人为因素造成的。人为因素既可以表现为主观故意，如医务人员将患者的病历销毁或者篡改病历，也可以表现为过失，如医务人员将患者病历遗失等。

在这里，应区分医疗过失与导致证明障碍的故意和过失。前者针对的是医疗行为本身，后者针对的是给医疗过失的证明造成障碍的行为。前者代表着医疗过错中的绝大多数，医疗故意侵权的情形极少，后者则全面列出了导致证明障碍的两种主观心理状态。前者针对的是医疗侵权的主观心理状态，后者是指障碍情形形成的主观心理状态。这里的人为因素既可以是患方层面的，也可以是医方层面的。由于医疗纠纷中，证据通常都是由医方持有，因此，造成证明障碍的行为主要是由医方实施的。患方有时候也会实施证明障碍的行为，但概率相对较小。

---

〔1〕 中国社会科学院语言研究所：《新华字典》，商务印书馆 2011 年版，第 280 页。
〔2〕 中国社会科学院语言研究所：《新华字典》，商务印书馆 2011 年版，第 644 页。

2. 实施证明障碍行为的时间既可以是诉讼之前，也可以在诉讼过程中

实施证明障碍行为的时间既可以是诉讼之前，也可以在诉讼过程中，前者，如在诉讼之前将患者病历遗失。后者，如诉讼开始后对病历实施伪造行为。实施证明障碍行为的时间与证明障碍后果的发生时间有所不同，前者可以发生在诉讼之前或者诉讼之中，后者则通常发生在诉讼过程中，因为在诉讼过程中才涉及证明责任的问题，这个时期，患方或医方才会遇到证明障碍的问题。

3. 证明障碍行为的后果是举证困难

任何一方实施证明障碍行为都会造成一定的损害后果，这种后果就是举证困难。由于实施证明障碍行为的主要是医方，而我国医疗过失纠纷的处理通常又采取"谁主张、谁举证"的规则，因此，遭遇举证困难的往往是患方。由于患方实施证明障碍的行为概率较小，因此，给医方造成证明困境的情况较为少见。

（三）证明障碍情形的典型列举

医疗过失判定中证明障碍的情形很多，下面对其典型情况进行列举。

第一，医务人员病历的记载不完整，很多时候就会使案件具体情况不明，给医疗过失的判定造成困境。特别是当患者在手术中又处于无意识状态时，医疗过失的判定将变得更为困难。

第二，医务人员对病历实施伪造、篡改等行为。由于病历是医疗过失判定中非常重要的证据，这些行为会给案件事实的查清带来非常大的困难，给医疗过失的判定造成障碍。

第三，医务人员在从事医疗行为中有时会认识到存在医疗过失，但他们不会将这种错误的医疗行为如实地记载于病历中，这种情况会让案件事实的查清面临更大的困难，从而给医疗过失的判定带来障碍。[1]

第四，在涉及患者死亡的案件中，当对死因存有异议，如果患者或医

---

〔1〕 黄丁全：《医事法新论》，法律出版社 2013 年版，第 506 页。

疗机构拒绝进行尸检或拖延尸体检验，就会影响死因的判断。在有些案件中，死因不明会给医疗过失的判定带来障碍。

《民法典》第 1222 条第 1 项规定的情形是否属于证明障碍呢？表面观之，似乎也属于证明障碍，因为患者只是证明了医务人员有违反诊疗规范的情形，却未证明其医疗行为未尽到当时的医疗水平。但从实质上看，该情形不应属于证明障碍，因为证明障碍是举证方举证存在较大的举证困难，而在违反诊疗规范的情形中，当患方证明了医务人员的医疗行为违反诊疗规范时，根据《医疗解释》第 8 条和第 11 条的规定，是否有医疗过失属于鉴定的内容，此时患者的举证责任已经完成。

二、证明障碍与相关概念的辨析

（一）证明障碍和证明困境的关系

在医疗过失判定中，主要是患方负有举证责任，医方有时候也负有一定的举证责任。在医疗过失的证明环节，有时医患双方举证较为顺利，有时医患双方的举证则并不顺利。我国学者较为关注医疗过失判定中出现的证明困境的问题。在这方面，学者的用语称谓也不尽相同，如赵西巨教授在其著作中提出了"举证困难"一词。[1]胡学军副教授在其文章中使用的是"证明困境"一词。[2]应当说，这些称谓存在实质上的差别。

1. 证明障碍和证明困境的形成原因不同

在本书中，证明障碍的形成是人为因素造成的，没有人为因素，就没有证明障碍。换言之，证明障碍属于举证困难的范畴，但有举证困难并不等于就有证明障碍。

根据学者们的研究，证明困境的形成原因主要体现在如下方面：第一，患者自身疾病的原因导致举证困境。引起或促进疾病发生的因素称为

〔1〕 赵西巨：《医事法研究》，法律出版社 2008 年版，第 380~381 页。

〔2〕 胡学军："解读无人领会的语言——医疗侵权诉讼举证责任分配规则评析"，载《法律科学（西北政法大学学报）》2011 年第 3 期。

病因。[1]病因的形成较为复杂，包括医患双方在内的人类对很多疾病的发病原因都尚未完全了解和掌握，只能在实践中不断地探索，这种状况自然会对医疗过失的判定造成一定的举证困境。第二，除疾病外，患者的其他因素导致举证困境。最为常见的情况是患者缺乏医学知识，对所患疾病并不了解，因此要证明存在医疗过失，就会存在证明困境。此外，患者手术中处于无意识状况无法对诊疗状况进行陈述或者当医患双方对死因存有异议时，患方拖延或拒绝对尸体检验，导致患者死因无法真正查明，也是在患者层面造成证明困境的原因。第三，医方的原因也会导致举证困境。常见的情况有医方对病历资料实施伪造等行为或医务人员病历记载不全。第四，在患者死亡的案件中，当医患双方对死因存有异议，如果医方拖延对尸体进行检验，有时也会导致患者死因无法彻底查明，形成证明困境。第五，鉴定机构的鉴定结论和法官的审判缺乏公正也是发生证明困境的原因。

不难看出，证明困境的形成原因较为复杂，不限于人为因素，还包括其他因素，而证明障碍是基于人为因素形成的，在形成原因上，证明困境要比证明障碍范围宽泛。

2. 证明障碍和证明困境的解决手段有所不同

证明障碍要通过一些特别的规则来解决，如我国《民法典》第1222条第2项和第3项。

对于证明困境而言，则要区分原因进行分析。如果是患者自身疾病因素导致的证明困境，则有些时候可以通过医疗过失鉴定来解决，但有些时候医疗过失鉴定也无能为力，毕竟人类对很多疾病的认识都还不是十分清楚。如果是患者不具有医学知识导致的证明困境，可以通过过失鉴定来帮助患者完成举证责任。至于由鉴定机构出具的鉴定结论和法官的审判缺乏公正导致的证明困境，则不应该通过侵权责任来解决，而应该改革鉴定制

---

〔1〕 和水祥、黄钢主编：《临床医学导论》，人民卫生出版社2016年版，第7页。

度和审判制度来提高其鉴定结论和判决的公正性。当然，解决证明障碍的措施肯定也是解决证明困境的措施，因为证明困境包括证明障碍。

（二）证明障碍和证明妨碍的关系

证明障碍和证明妨碍的联系体现在它们都和证明责任有关，都属于实体法和程序法共同关注的问题。近些年来，我国实体法也较为关注证明责任规范，《民法典》中也有很多证明责任规范。同时，证明妨碍属于证明障碍中的一种情形。两者具有如下区别：

1. 两者的外延不同

属于证明障碍的情形不都是证明妨碍。病历记载不全的情形属于证明障碍，但病历记载不全的情形是否属于证明妨碍往往要具体情况具体分析，不能一概而论。我国司法实务中，一些病历记载不全的情形，有些会造成证明妨碍，有些不会造成证明妨碍。

2. 对证据的可替代性的要求不同

在证据是否具有可替代性上，证明妨碍对证据的不可替代性要求很高，有可替代性证据的，通常不属于证明妨碍，而证明障碍对证据的不可替代性的要求则会低一些，即使有替代性证据，但如果获得该证据的难度较大，也属于证明障碍的范畴。

3. 两者的解决措施不同

在解决的措施中，由于证明障碍并不是一种独立的制度，因此证明障碍的解决手段具有多元化，而证明妨碍行为要依靠自身的制度去解决，大陆法系国家往往都对证明妨碍行为进行了立法规制。

第二节　证明障碍情形医疗过失判定的域外考察

一、证明障碍情形医疗过失判定的域外实践

对于医疗过失的判定中出现证明障碍的情形，各国立法和实践都会有

一些特别的应对规则。

（一）英美法系国家的实践检视

英美法系国家通过"事实自证"等特殊规则来解决证明障碍情形下的医疗过失的判定问题。

1. 事实自证规则的适用

事实自证规则最早是由英国法院在 Byrne v. Boadle 一案中确立的。在英国，事实自证规则经常在医疗过失的判定案件中被提及，但只是在例外的情况下法院才会适用该规则。[1]适用该规则的典型情况是手术或者麻醉而发生未预料到的后果。有学者进一步指出，事实自证规则的适用前提是事故原因不明。[2]在英国，原告成功主张事实自证后，如果被告提不出合理的说明，则会判定被告有过失。尽管事实自证规则在英国医疗过失案件的适用中遇到了瓶颈，但时至今日，该规则仍陆续适用于实务案件中。

在英国，事实自证法则的法律效果有过失推论说和举证责任转换说两种，其中过失推论说是通说。根据该说，如果被告不能成功反证，则会判定医疗机构有过失。[3]当然，被告在反证的过程中，运用的知识都与当时的医疗水平息息相关。

事实自证规则在被英国法院确立后，被美国法院所借鉴。在美国，早期只有很少的法院应用这项规则，后来陆续有多数法院认可该项法则。这项规则最初应用于普通民事案件，并不适用于医疗过失的案件，后来逐渐开始适用于医疗过失的案件。不过，该规则是否能适用于医疗过失案件一直存在肯定说和否定说的交锋，肯定说主张医疗过失案件可以适用事实自证规则，否定说则认为医疗过失案件不能适用事实自证规则，现在美国很多法院都肯定医疗过失案件适用事实自证规则。在适用过程中，逐渐从医

---

〔1〕 胡雪梅：《英国侵权法》，中国政法大学出版社 2008 年版，第 132 页。

〔2〕 胡雪梅：《英国侵权法》，中国政法大学出版社 2008 年版，第 131 页。

〔3〕 胡雪梅：《英国侵权法》，中国政法大学出版社 2008 年版，第 132 页。

务人员过失较为明显的案件（如手术器材遗留体内[1]），发展到过失较为复杂难断的案件，逐渐从通过一般社会观念过渡到借助于专家证言来适用事实自证规则。

在美国，事实自证规则适用于医疗过失判定案件的前提是存在举证困难。事实自证规则的法律效果存在学说分歧，有允许的推论说、可推翻的推定说和说服责任转换说三种观点，其中，允许的推论说为通说。[2]根据该说，如果陪审团采取了推定被告有过失的推定，而被告无法提出有利于自己的充分的解释，则会判定医疗机构有过失。至于何谓"充分的解释"，则应具体情况具体分析，情况紧急通常是容易反证成功的理由。[3]

2. 病历记载不全致证明障碍的特殊规则

有些时候，医生病历记载的不完整也会导致证明障碍，不过在英美法系国家，对于医生的记载不完整并不会直接就判定为有医疗过失，如在英国，若是关键证据在庭审时失落，法院应尽最大可能根据可得证据来重构失落证据的内容。如果医生的记载有欠完备且不能回忆起病案细节，他得在出庭时就其一贯执业谨慎加以举证，用以支持其在所涉个案情势下亦尽到相应注意义务，否则就会被判定有过失。[4]

在英国，即使病历有伪造或篡改时，也不会直接认定医务人员有过失，但在处理方式上会有利于原告。[5]

（二）大陆法系国家立法和实践的检视

大陆法系国家通过表见证明等特殊规则来解决证明障碍情形医疗过失的判定问题。

---

[1] Michael Jones, Medical Negligence, London: Sweet & Maxwell, 2003, pp. 4-110.

[2] 吴振吉：《医疗侵权责任之过失判定》，元照出版有限公司2020年版，第128~129页。

[3] Mahon V. Osborne [1939] 2 K. B. 14.

[4] ［英］马克·施陶赫：《英国与德国的医疗过失比较研究》，唐超译，法律出版社2012年版，第111~112页。

[5] ［英］马克·施陶赫：《英国与德国的医疗过失法比较研究》，唐超译，法律出版社2012年版，第111~112页。

1. 表见证明规则或事实自证规则的适用

在德国，表见证明是借助于司法实务上的判例形成的规则。它在被认为是具备"定型的事项"时，即可直接推定有"过失"。在德国，虽有学者主张表见证明的要件中应有证明困难这一要件，不过也有学者持反对意见，认为表见证明不限于证明困难的情形。[1] 从实践看，运用表见证明规则解决证明障碍情形医疗过失判定的案例较少，因为运用表见证明的案例多数情形下过失都很明显，案件事实容易查明。不过也有个别情形是运用表见证明规则来解决证明障碍情形的医疗过失问题，如注射后发生异常的情况。

在法国，事实过错推定是法国法院便利医疗事故受害人寻求救济的另外一种手段。事实过错推定和事实自证非常接近。近些年来，事实过错推定适用范围逐渐拓宽，已经不限于医疗器械或纱布遗落于患者体内的情形，[2] 当然，事实过错推定适用的范围也没有过于宽泛，仅限于病患所受损害太过于不正常或太过于严重的情形。[3] 这种情况下，如果医生反证不成功，则会判定其有过失。

在比利时，允许运用事实自证规则解决患者的举证困难的问题。当治疗结果与正常情况相比较为奇怪，法官常常运用事实自证规则来解决患者难以举证时医疗过失的判断问题，[4] 当出现这些情况时，推定医生有过失，如果医生反证未果，则会判定医生的医疗行为有过失。

在奥地利，也允许运用"事实自证"法则来减轻患者的举证责任。在比较患者遭受损害的各种原因后，如果最可能的原因是医疗行为有过失，那

---

〔1〕 姜世明：《举证责任与证明度》，厦门大学出版社 2017 年版，第 232~233 页。

〔2〕 [法] 西蒙·泰勒：《医疗事故责任与救济：英法比较研究》，唐超译，中国政法大学出版社 2018 年版，第 41 页。

〔3〕 朱柏松等：《医疗过失举证责任之比较》，华中科技大学出版社 2010 年版，第 111 页。

〔4〕 [荷] 米夏埃尔·富尔、[奥] 赫尔穆特·考茨欧：《医疗事故侵权案例比较研究》，丁道勤、杨秀英译，中国法制出版社 2012 年版，第 107~108 页。

么就可以推定医疗机构有过失了。[1]

2. 病历记载不全致证明障碍的特殊规则

在德国，病情等信息的记载不全有些时候会导致证明障碍，不过，只有当病情等信息的记载有欠缺或遗漏且无法弥补，以至于造成病人发生难以举证之情事，才会发生证据法上的效果。在学界，病历记载不完整使得患方难以举证，还可以适用证明妨碍法则，减轻原告的举证责任。[2]在不同时期，德国联邦最高法院的观点有所不同：早期当医疗处置行为未被如实记录于病历时，最初实行举证责任转换制度，由医师举证证明其医疗处置行为不存在过失。后来推定医师未实施该医疗处置，医师可以通过举证证明其实施了该医疗处置，从而推翻上述推定，否则，未实施医疗处置行为则成为确定之事实，[3]如果该未实施的医疗处置行为违反了医师注意义务，则医务人员的诊疗行为就具有过失。

在奥地利，如果医疗机构对治疗的记录不充分，将推定未采取该医疗处置措施。然而，这种推定不能自然得出该疏忽客观上是错误的结论，[4]即治疗记录关键信息记载不充分并不表明存在医疗过失，这还涉及进一步证明的问题，如果证明不了，则会判定有医疗过失。

2009年欧洲学界公布的《共同参考架构草案》第IV. C. —8: 109条第3项对医疗提供者违反病历记载义务，尤其于病人主张医疗提供者未履行其法律上所要求之技术与注意义务时，推定医师具有过失。[5]

在日本，病历遗失有推定过失的说法，但有些法院不会直接推定过失，

〔1〕 ［荷］米夏埃尔·富尔、［奥］赫尔穆特·考茨欧：《医疗事故侵权案例比较研究》，丁道勤、杨秀英译，中国法制出版社2012年版，第89页。

〔2〕 赵西巨：《医事法研究》，法律出版社2008年版，第402~403页。

〔3〕 沈冠伶：《民事医疗诉讼与纷争处理》，元照出版有限公司2017年版，第189页。

〔4〕 ［荷］米夏埃尔·富尔、［奥］赫尔穆特·考茨欧：《医疗事故侵权案例比较研究》，丁道勤、杨秀英译，中国法制出版社2012年版，第89页。

〔5〕 陈聪富：《医疗责任的形成与展开》，台大出版中心2019年版，第385页。

理由是案件事实可以根据其他证据进行认定。[1]

二、证明障碍情形医疗过失判定的域外启示

通过上述梳理，无论是英美法系国家还是大陆法系国家，都通过一些特殊规则来解决证明障碍情形医疗过失的判定问题。检视实践效果，这些规则对证明障碍情形医疗过失的判定都发挥了重要作用。

各个国家在证明障碍情形医疗过失的判定上相互借鉴、相互取长补短。如事实自证规则发端于英美法系国家，大陆法系的国家也开始运用事实自证规则来处理医疗过失的判定问题。在采取这些特殊规则时，有些国家和地区采取的规则不限于一种，而是采取多项措施，如在德国，表见证明和证明妨碍规则等都在司法实务中运用过。

在相当多的情况下，即使存在证明障碍，也需要运用医疗水平标准或专业技术标准对过失做出判定，只不过，与通常的判定方式相比，判定的方式有些复杂。

第三节　我国证明障碍情形医疗过失判定的立法审视

要对我国证明障碍情形医疗过失判定中存在的问题进行分析，进而提出解决方案，须先对我国现行立法的现状进行分析。

一、我国证明障碍情形医疗过失判定的立法现状

我国现行法对证明障碍情形医疗过失判定的规定，不仅体现在《民法典》中，还体现在其他法律中。

---

〔1〕　〔日〕日本日经医疗编辑：《日本医疗纠纷诉讼案例 53 讲》，张惠东审订，黄湿昕译，华中科技大学出版社 2019 年版，第 290 页。

（一）民法典及司法解释相关规范的梳理

《民法典》《医疗解释》都只是在病历层面对证明障碍行为作出规制。《民法典》第 1222 条第 2 项、第 3 项对伪造病历等 6 种情形作出规定。《民法典》第 1222 条第 2 项和第 3 项基本上沿用了 2009 年《侵权责任法》第 58 条第 2 项和第 3 项的规定，只有四处改动。在这四处改动中，和证明障碍相关的改动有两处：一处是将"销毁"改为"违法销毁"；另一处是增加了"遗失"病历资料的情形。在这两处修改中，第一处修改不属于实质上的变化，只是为了在表述上更加科学和严谨，第二处修改则属于是实质意义上的修改。

《医疗解释》第 6 条有两款，第 1 款是对《民法典》第 1222 条中病历资料的范围作出解释。第 2 款是对如何认定隐匿和拒绝提供病历的情形作出规定，因为在实践中，这两种情形难以认定。这两款并没有规定新类型的过失推定。

（二）《预防和处理条例》中相关规范的梳理

在患者死亡的案件中，不同意尸检和拖延尸检有时会造成证明障碍，给医疗过失的判断造成很大的困难。当然，有些时候在病历完整的情况下，不做尸检也可以对患者进行死因分析，不会给医疗过失判定带来障碍。实践中也有这样的判例，[1]《预防和处理条例》第 26 条第 1 款对不同意尸检和拖延尸检导致死因不明的责任作出规定，即由拖延或不同意的一方承担责任。这样的话，如果因未进行尸体检验造成患者死因不明，给医疗过失的判定带来证明障碍，此时，医疗过失的判定问题则已经解决，即如果医疗机构属于拖延或不同意的一方，则其具有医疗过失。如果患方属于拖延或不同意的一方，则不会判定医方有过失。我国司法实践的判例也是采取这样的审判思路。[2]

---

〔1〕"司法部发布三个司法鉴定指导案例"，载 http://www.moj.gov.cn/news/content/2018-04/12/bnyw_18145.html。

〔2〕宋文华："医疗损害责任纠纷案件的尸检责任负担"，载《山东审判（山东法官培训学院学报）》2015 年第 5 期。

当出现疑似输液、输血、注射和用药等引起的不良后果时，未对现场实物进行封存或送检，有时也会有一定的证明障碍，给医疗过失的判断造成一定的困难。《预防和处理条例》第 25 条对现场实物的封存和检验作出规定，但该条文并未对未封存或未及时送检的行为作出侵权责任的规定。在实践中，对现场实物进行封存并启动技术检测存在严重的障碍：不仅检测机构有限，检测费用高昂，而且还存在封存的现场实物自身是否具备检测条件的问题，在实践中很少有案件真正启动技术检测。[1]在这种现实状况下，规定未封存、未及时送检的侵权责任，不利于医疗纠纷的及时化解，还会拖延诉讼程序。另外，如果仅仅以现场实物未封存和未及时送检，就在医方和患方之间划定民事责任，这极有可能会是一个错误的法律规定。在这样的医疗纠纷中，病历往往是最为关键的证据，是否会形成证明障碍，主要看病历的记载状况。在实践中就有未封存现场实物，病历记载又不全，最终导致出现证明障碍，医方被判决承担责任的判例。[2]

从上文梳理可以看出，我国在证明障碍与医疗过失判定的关系上，从病历、尸体和现场实物三个层面进行规制。在这三个层面中，我国最重视对病历层面造成的证明障碍进行规制，立法文件的层级最高，条文数量最多。这种立法思路说明，病历是医疗过失判定的证据之王，只要把病历层面的证明障碍行为纠正过来，就基本可以解决存在证明障碍情形的医疗过失判定问题。尽管有学者指出，病历并不是真实、客观，值得信赖的，且在实践中已经受到一些法官的质疑，[3]但由于病历仍然是目前医疗过失纠纷的主要证据，录音、录像等证据无法替代病历，因此这种立法思路是应该给予肯定的。

---

〔1〕 刘鑫、张宝珠主编：《医疗纠纷预防和处理条例理解与适用》，中国法制出版社 2018 年版，第 298 页。

〔2〕 申卫星主编：《医疗纠纷预防和处理条例条文释义与法律适用》，中国法制出版社 2018 年版，第 174~175 页。

〔3〕 吴志正：《从鉴定意见谈医疗过失责任之认定》，元照出版有限公司 2014 年版，第 228 页。

二、我国证明障碍情形医疗过失判定存在的问题

（一）对《民法典》第 1222 条第 2 项、第 3 项的后果存在认识分歧

我国对于《民法典》第 1222 条第 2 项和第 3 项规定的情形的法律后果一直存在一定的争论，学界大体上形成两种不同的观点。

一种观点认为，出现这些情形，应直接认定有过失。梁慧星教授、王利明教授、程啸教授、张新宝教授和孟强副教授都主张这种观点。梁慧星教授认为，该条文虽然使用的是"推定"，但应理解为"直接认定"。[1]王利明教授虽主张出现这些情况就推定过失，但他同时认为出现这些情形应认定医疗机构有过失，因为医疗机构针对这些故意行为是无法反证的，实际上这种观点仍然是认定过失说。程啸教授认为，在这些情形下，应认定医疗机构有过失，因为该规定是对医疗机构实施违法行为的一种惩罚。[2]张新宝教授认为，出现这些情形就认定医疗机构有过失，医疗机构不能通过其他证据证明尽到了医疗水平标准要求的注意义务而反证。[3]孟强副教授认为，对于伪造病历等故意行为，医疗机构很难对这些行为提出反证来证明自己没有过错。[4]

第二种观点认为，出现这些情形，推定医疗机构有过失。窦海洋副教授和陈杭平副教授都主张这种观点。窦海洋副教授认为，出现这些情形，推定医疗机构有过失，医疗机构可以反证尽到了注意义务而无过失。[5]陈杭平副教授认为，医疗水平是过失判定的标准，即使存在这些情形，医疗机

---

[1]　梁慧星：《读条文 学民法》，人民法院出版社 2014 年版，第 380 页。

[2]　程啸：《侵权责任法》，法律出版社 2015 年版，第 566 页。

[3]　张新宝：《侵权责任法》，中国人民大学出版社 2020 年版，第 201 页。

[4]　孟强：《民法典侵权责任编释论　条文缕析、法条关联与案例评议》，中国法制出版社 2020 年版，第 498 页。

[5]　邹海林、朱广新主编：《民法典评注：侵权责任编》，中国法制出版社 2020 年版，第 562 页。

构仍可以反证其尽到了当时的医疗水平而不存在过失。[1]陈杭平副教授还认为,应对《民法典》第1222条第3项中的"遗失"进行限缩解释,解释为基于重大过失的遗失,一般过失情形的遗失不属于该条的规制范畴。[2]也就是说,如果是基于重大过失的遗失,则推定医疗机构有过错,如果是基于一般过失的遗失,则不能推定医疗机构有过失。

从这些论述可以看出,我国学界对《民法典》第1222条第2项、第3项的法律后果存在学术争议,尤其是在病历资料遗失时,学说分歧更加明显。

(二)病历记载不全的情形,过失判定的思路不一致

在我国现行法中,有多部法律对病历的记载作出了规定,但都规定得较为简洁,不够完整。《民法典》第1225条只规定了要按照规定填写病历,并对其进行妥善保管,至于该规定是什么,该条并没有进一步明确。《预防和处理条例》第15条也同样有病历填写和妥善保管的规定,但该条和《民法典》第1225条的不同之处是该条列明了填写病历需要遵守的规定——国务院卫生主管部门的规定,即《医疗机构病历管理规定》和《病历书写基本规范》。[3]《病历书写基本规范》第3条规定,病历记载要完整;第12条至第15条对门(急)诊病历填写的内容作出详细规定;第16条至第30条对住院患者的病历填写作出详细规定。这些内容都涉及了病历内容的记载。

1. 病历记载不全的判断

我国现行法未规定病历记载不全如何进行判断。尽管国务院卫生主管部门制定的病历书写的规定中,明确了在病历中应记载哪些事项,但对具体如何记载并没有作出规定。从实践中看,病历记载是否齐全,主要采用医学标准,即由医学人士来判断病历的记载是否齐全。这种做法有一定的

---

[1] 陈杭平:"论医疗过错推定及其诉讼展开",载《清华法学》2020年第5期。
[2] 陈杭平:"论医疗过错推定及其诉讼展开",载《清华法学》2020年第5期。
[3] 姚军:《医事法学》,复旦大学出版社2020年版,第173页。

道理。一方面，病历记载不全采用医学标准体现了对医学规律的尊重。虽然医疗过失判定工作不应该由医界自由决定，须经法官依法裁量，但法官不能违背医学发展规律进行裁判。病历记载不完整属于医疗过失判定的重要议题，病历填写是医务人员日常工作的组成部分，因此，病历记载是否完整应由医界进行判断，不应由法官独断。另一方面，病历不全的判断采用医学标准与我国的实践状况相吻合。从我国医疗过失判定的实践来看，基本上都要经过鉴定程序，而鉴定人员中一般都有医学专业人士。当鉴定部门接受委托后，都会对病历是否完整进行判断，然后做出是否开展鉴定的决定，法官通常并不参与鉴定过程，因此，应采用医学标准来判断病历是否完整。

2. 病历记载不全的情形，过失判定的不同思路

学界和司法实践对病历记载不全情形中医疗过失如何判定存在认识分歧。

在学理层面，对这个问题有两种思路：一种思路是推定过失。王利明教授认为，病历资料不全，应当记录的诊断过程没有记录，推定医疗机构有过失。[1] 杨立新教授也认为，病历资料记载不全，应推定为有过失。[2] 还有的学者将病历记载不全的行为界定为证明妨碍行为，应按照证明妨碍的法律后果处理，如推定过失、降低证明度等。[3] 另一种思路是反对推定说，认为这种情形不能推定有过失，具体理由是现行法没有规定这种情形可以推定为过失。

在司法实践中，这种问题主要有以下几种处理思路：第一种思路是没有病历记录，推定医务人员未进行过相关检查，进而根据该相关检查是否

---

〔1〕 王利明：《侵权责任法研究（下卷）》，中国人民大学出版社 2011 年版，第 407 页。

〔2〕 杨立新：《医疗损害责任研究》，法律出版社 2009 年版，第 111 页；杨立新：《侵权责任法》，法律出版社 2018 年版，第 270 页。

〔3〕 任学婧："医疗损害责任纠纷案件中证明妨碍的适用"，载《华北理工大学学报（社会科学版）》2019 年第 6 期；谷佳杰："论证明妨碍在医疗损害赔偿诉讼中的适用——以《中华人民共和国侵权责任法》第 58 条为视角"，载《证据科学》2013 年第 2 期。

必要，来认定医务人员是否有医疗过失。[1]第二种思路是病历记录不全，法院全面审查案情，当待证事实无法得到证明时，判定医疗机构有过失。[2]第三种思路是不能因为医方仅存在记录失误，就发生推定过失的效果，因为推定过失针对的是故意的情形。[3]第四种思路是将病历的记载不全判定为医疗过失，但是否承担责任，要看病历记载不全的行为与损害后果的关系，如果与损害后果之间没有因果关系，就不承担责任，如果有因果关系，就判定承担责任。[4]

3. 病历记载不全情形时过失判定思路不一的弊端

从实践来看，病历内容记载不全是非常常见的现象，病历记载不全情形医疗过失判定思路的不统一，会造成以下弊端：

第一，不利于对医疗过失进行判定。规则的确定有助于正确判定是否存在医疗过失，当存在证明障碍的情况时，无疑会增加医疗过失判定的难度，病历内容记载的不全会形成证明障碍。对这一问题，不仅学界有不同的认识，不同法院也有不同的做法，对这种现状应予以纠正，只有这样才能促进医务人员认真对待病历内容的完整记载，才能实现同案同判的司法效果。

第二，导致法的正义价值难以实现。病历记载不全的情形，医疗过失判定思路不统一，还会导致个案中的正义难以实现。对于鉴定机构而言，其主要是根据病历做鉴定，对病历中没有记载的内容，尽管鉴定机构在鉴定过程中也有调查的权利，也会要求患者提供其他证据证明其遭受的损害，但由于病历中对此未作记载，因此证明难度是很大的，在这种情况

〔1〕 广州市中级人民法院（2014）穗中法民一终字第 3397 号民事判决书；江苏省江阴市人民法院（2015）澄民初字第 00048 号民事判决书。

〔2〕 邓虹等："病历中的法律风险防范"，载《医学与法学》2015 年第 3 期。

〔3〕 孙铭溪："医疗纠纷证据认定的制度性调和——以瑕疵病历认定为视角"，载《法律适用》2015 年第 12 期。

〔4〕 吉林省桦甸市人民法院（2012）桦民一初字第 265 号民事判决书；江苏省灌云县人民法院（2012）灌民初字第 1509 号民事判决书。

下，鉴定机构往往无法作出正确的鉴定意见。这种情况既不利于医疗事业的健康发展，又不利于维护医患双方的合法权益。在实践中，当病历记载不完整时，有些法院不是认真进行证据调查以还原案件事实真相，而是盲目比照《民法典》第 1222 条第 2 项和第 3 项的规定，判定医疗机构有过失，应当承担侵权责任，这样的判决不能维护医疗机构的合法权益。

第四节　《民法典》第 1222 条第 2 项、第 3 项情形医疗过失的判定

一、"认定过失说"和"推定过失说"分歧的厘清

《民法典》第 1222 条第 2 项、第 3 项的法律后果不明，会给司法实践带来消极后果，需要对其进行认真分析并予以明确。

（一）对既有学说的评析

前文已经指出，学界对《民法典》第 1222 条第 2 项和第 3 项的法律后果存在两种不同的观点。通过梳理，本书发现，产生分歧的原因主要是学界对《民法典》第 1222 条第 2 项和第 3 项的规范性质认识不一致。第一种观点是从这些行为的违法性出发，对这两项的法律后果进行分析。如王利明教授认为，这两种情形都属于较明显的违法行为，因此认定医疗机构有过错。[1]程啸教授认为，这两种情形实行推定过错是对医疗机构违法行为的一种惩罚。[2]张新宝教授认为，这两种情形都属于违法行为，应认定具有过错。[3]这种观点可以被称为"违法说"。第二种观点是从证明妨碍出发，分析这两项的法律后果。周友军教授、[4]纪格非教授[5]和窦海

---

〔1〕　王利明：《侵权责任法研究（下卷）》，中国人民大学出版社 2011 年版，第 404 页。

〔2〕　程啸：《侵权责任法》，法律出版社 2015 年版，第 566 页。

〔3〕　张新宝：《侵权责任法》，中国人民大学出版社 2020 年版，第 201 页。

〔4〕　周友军：《侵权法学》，中国人民大学出版社 2011 年版，第 260 页。

〔5〕　纪格非："医疗侵权案件过错之证明"，载《国家检察官学院学报》2019 年第 5 期。

洋副教授持这种观点。[1]这种观点被称为"证明妨碍说"。

1. 对"违法说"的评析

本书认为，"违法说"有其合理之处，但也存在一定的问题。就这种观点的合理性而言，它契合了我国现行法历来对有恶意的行为处以较为严厉的法律后果的立法习惯。如《民法典》第 1207 条对主观恶性极大的明知是缺陷产品仍生产和销售的行为施以惩罚性赔偿。[2]《民法典》第 1232 条对故意污染环境的侵权人施以惩罚性赔偿。在针对破坏证据行为的规范层面，《道路交通安全法实施条例》第 92 条第 2 款规定，当事人故意毁灭证据的，承担全部责任。显然，该款中的全部责任包括民事责任。该款就是直接将违法行为直接认定为当事人有过错。[3]《民法典》第 1222 条第 2 项、第 3 项规定的情形中的绝大部分都是具有恶意的行为，立法部门在规定其法律后果时，也考虑到了这些行为的主观恶性。

当然，这种观点也存在一定的问题，具体理由如下：第一，公法规范和私法规范功能的混淆。公法规范和私法规范尽管并非完全区隔，但其规范功能也确有不同。公法规范的功能在于制裁违法行为，私法规范主要在于确定注意义务。我国多部法律都针对病历的违法行为规定了行政责任。尽管病历被伪造等情形的出现，确实给医疗过失的判定造成了证明障碍，也需要通过设置特殊规范来解决这些情形出现后过失的判定问题，但由此以伪造病历等情形就武断地认定存在医疗过失的观点确实是混淆了公法规范和私法规范的功能，造成了公私法规范不分的消极后果。第二，与现行司法解释的规定产生冲突。"违法说"将故意破坏证据的行为直接认定为过失，而我国《最高人民法院关于适用〈中华人民共和国民事诉讼法〉的

---

[1] 邹海林、朱广新主编：《民法典评注：侵权责任编》，中国法制出版社 2020 年版，第 561~562 页。

[2] 黄薇主编：《中华人民共和国民法典侵权责任编解读》，中国法制出版社 2020 年版，第 167 页。

[3] 张家勇、昝强龙："交通管制规范在交通事故侵权责任认定中的作用——基于司法案例的实证分析"，载《法学》2016 年第 6 期。

解释》中针对故意破坏证据的行为有明确的规定，在这些规范中，都采用的是司法拟制的方式拟制被妨碍人主张的内容是成立的，基于学者们的观点，这种拟制是可以推翻的。[1] 显然"违法说"与司法解释的规定存在冲突，给我国法律规范内在价值体系的一致性带来消极影响。第三，从法解释层面看，"违法说"不符合法解释的基本原理。依据法解释的基本原理，在对法律规范进行解释时，应尊重规范的文义，不应超出文义可能的解释范围，同时也要尊重立法意图。在解释法律规范时，不能总是抱着怀疑的心态，甚至是批判的心态对待法律文本。[2]《民法典》第 1222 条的规范用语是"推定"，立法部门也是按照推定过失来解释该条文的，而"违法说"则主张出现这些情形直接认定为过失，由此可见，"违法说"是不符合法解释原理的。

2. 对"证明妨碍说"的评析

将《民法典》第 1222 条第 2 项和第 3 项的规范性质定位于证明妨碍的观点具有一定合理性，但也存在一定的问题。

这种观点的合理之处在于《民法典》第 1222 条第 2 项和第 3 项规定的情形在性质上确实属于证明妨碍的行为。对此，有必要再从其构成要件进行分析。证明妨碍的理论认为，证明妨碍的构成要件有前提要件、主观要件、主体要件和客观要件四个方面。[3]

前提要件是指证据提出义务或者证据作成、保存义务，[4] 即以妨碍者具有与诉讼证明相关的义务为前提。通常诉讼发生以后，当事人之间基于诉讼关系，才负有解明事案之协力义务，证明妨碍一般是指诉讼中的证明妨碍行为，各国现行法规制的证明妨碍行为也都是发生在诉讼中的妨碍行为。不过，诉前证明妨碍现在已经得到学理的认可。在学理上，于鹏副教

---

〔1〕 于鹏：《民事诉讼证明妨碍研究》，中国政法大学出版社 2014 年版，第 199 页。

〔2〕 王利明：《法律解释学导论：以民法为视角》，法律出版社 2009 年版，第 153 页。

〔3〕 于鹏：《民事诉讼证明妨碍研究》，中国政法大学出版社 2014 年版，第 96 页。

〔4〕 于鹏：《民事诉讼证明妨碍研究》，中国政法大学出版社 2014 年版，第 97 页。

授认为，如果当事人基于法律规定负有实体法上证据作成和保存的义务，则在满足其他构成要件的情况下，可以构成证明妨碍。[1]包冰峰副教授也认为，证明妨碍的时间点……发生在诉讼前还是诉讼中都可以构成证明妨碍。[2]在司法实践中，诉前证明妨碍也得到了司法实务部门的认可。从《民法典》第 1222 条第 2 项、第 3 项的规定看，没有限定于诉讼之前，还是诉讼中。诉讼前证明妨碍和诉讼中证明妨碍有一定的区别。在诉前证明妨碍中，要么证据持有方事先能合理预见到诉讼可能会发生，要么法律规定或合同约定证据持有方负有证据的作成和保存义务。[3]对于医疗纠纷而言，前一种情形在实践中是常见的，医方和患方之间的纠纷诉至法院之前，往往已经有过双方协商不成或第三方调解无果的情况，在这些情况中，医方作为病历的持有者，应该能预见到诉讼可能会发生。至于后一种情形，从比较法来看，病历是否具有证据保全的目的确实存在争议，德国联邦最高法院有些判例认可证据具有证据保全的作用，但德国联邦最高法院的多数判例都不承认病历具有证据保全的作用。[4]从我国的情况来看，我国一直以来非常重视对病历的管理，不但专门制定了有关病历的行政规定，而且还在《民法典》第 1225 条、《预防和处理条例》第 15 条、第 16 条中对病历的管理作出规定。这些对病历的规定不仅是对医疗机构从事执业活动的法定要求，而且是对医疗机构的病历的作成、保存义务的依据。[5]

在主体要件层面，按照证明妨碍的现有理论和相关规定，证明妨碍的主体是不负有证明责任的一方当事人。根据《民法典》第 1218 条的规定，我国医疗纠纷实行"谁主张、谁举证"的举证责任规则，即通常情况下，都是由患者承担证明责任。医疗机构是病历的保管者，是为患者查询和复

〔1〕 于鹏：《民事诉讼证明妨碍研究》，中国政法大学出版社 2014 年版，第 145 页。

〔2〕 包冰峰：《民事诉讼证明妨碍规则之具体适用》，厦门大学出版社 2015 年版，第 37 页。

〔3〕 沈冠伶：《民事医疗诉讼与纷争处理》，元照出版有限公司 2017 年版，第 174 页。

〔4〕 沈冠伶：《民事医疗诉讼与纷争处理》，元照出版有限公司 2017 年版，第 185 页。

〔5〕 黄薇主编：《中华人民共和国民法典侵权责任法编解读》，中国法制出版社 2020 年版，第 226 页。

制病历提供服务的一方，不负有举证责任，由此可见，医疗机构是可以成为证明妨碍的主体的。

在主观要件层面，两大法系都认可故意是证明妨碍制度中的主观要件的形态，在司法实践中，由于故意所实施的证明妨碍行为也是屡见不鲜的。《民法典》第 1222 条第 2 项和第 3 项规定的情形绝大多数是具有主观故意的心理状态，符合主观要件的要求。证明障碍的主观要件也包括过失。在日本，根据《日本民事诉讼法》第 224 条第 2 款的规定，构成证明妨碍，主观上故意或过失均可。从德国有关证明妨碍的法律规定看，构成证明妨碍要求行为人主观上必须具有故意，但观察它们的司法实务，并没有完全拘泥于立法的规定，而是将证明妨碍的主观要件扩展到了过失的层面，在德国，德国帝国法院时期所作之裁判例中，……过失的证明妨害亦足当之。[1]我国《民法典》第 1222 条第 2 项和第 3 项也是认可行为人具有过失的情形的。

在客观要件层面，证明妨碍的客观要件包括行为和结果两个方面。行为方面是指要有妨碍的行为。行为可以是作为，也可以是不作为，《民法典》第 1222 条第 2 项和第 3 项规定的情形中既有属于作为的情形，如伪造或篡改等，也有属于不作为的情形，如拒绝提供病历。结果方面是陷入举证不能或举证困难的境地。《民法典》第 1222 条第 2 项和第 3 项规定的情形都是对病历实施的违法行为，都在事实上导致患者举证非常困难。虽然有些医疗机构的手术室有监控录像，但从全国就诊的情况来看，这仍然是少数，况且监控录像也无法代替病历，对事实的证明程度十分有限。对于这种后果，立法者在阐释《民法典》第 1222 条第 2 项和第 3 项规定的立法理由时，也认为医疗机构这种行为造成患者难以举证。[2]

关于证明妨碍的法律效果，大陆法系国家和地区有举证责任转换、证

---

〔1〕　占善刚："证明妨害论——以德国法为中心的考察"，载《中国法学》2010 年第 3 期。

〔2〕　黄薇主编：《中华人民共和国民法典侵权责任编解读》，中国法制出版社 2020 年版，第 213 页。

明度降低和可推翻的不利拟制等方式，直接认定过失不是证明妨碍的法律效果。

不过，这种观点也存在一定的问题。具体体现在以下两个方面：第一，该观点仅仅从解释论的层面对该条文进行分析，进而得出推定过失的结论，结论的得出相对简单，缺乏从证明妨碍维度进行系统的分析。第二，单纯考量证明障碍的因素，忽略了《民法典》第 1222 条第 2 项和第 3 项的规范意旨和医患双方的利益衡量的因素的考察，会导致对"认定过失说"和"推定过失说"的分歧缺乏深入的分析。

（二）择定"认定过失说"与"推定过失说"的考量因素

在选择"认定过失说"还是"推定过失说"时，应通过以下因素进行考量。

1.《民法典》第 1222 条第 2 项和第 3 项的规范意旨

尽管《民法典》第 1222 条第 2 项和第 3 项与 2009 年《侵权责任法》第 58 条第 2 项和第 3 项相比，增加了"遗失病历"的情形，但立法部门对这两部法律的条文解释如出一辙。立法部门将《民法典》第 1222 条第 2 项和第 3 项的法律后果规定为推定过失的立法意图有二：第一，这些行为都反映了医疗机构的恶意。按照立法意图，既然有恶意就应当对医疗机构进行一定的惩罚，推定过失本身也是一种惩罚机制，直接认定过失也是一种惩罚机制，但立法部门认为，医疗水平标准才是医疗过失的判定标准，因此立法部门否定了直接认定过失。应该说，这种立法思路和《道路交通安全法实施条例》第 92 条第 2 款的立法思路并不一致，这种立法思路没有以证据标准来代替医疗过失的判定标准。第二，这些行为致使患者难以取得证据资料，再让其举证已经不合理，因此采取过失推定的方式进行处理，如果医疗机构能提出证据反证，可以推翻这种推定。由此可见，立法部门并没有直接认定医疗机构有过失的意图，只是由于患者要负担全部举证责任，而患者又无法举证，因此推定医疗机构有过失，从而转移患者的举证责任。

2. 医疗机构的主观状况与救济和制裁措施的选择

在传统大陆法系国家中，无论是立法还是学说都基本上达成一种共识：主观过错程度不同，由其导致证明妨碍的法律效果会有所不同：对于故意造成证明障碍而言，在立法上，《日本民事诉讼法》第 224 条第 1 款也规定，当事人拒不服从书证提出命令、实施毁灭文书等行为，推定举证人的主张是真实的。《德国民事诉讼法》第 444 条也规定了故意毁损或致使书证无法使用，对方当事人的主张被视为已经证明。在学说上，对故意破坏证据等行为，学界都主张应推定被妨碍者的主张是真实的。对于基于过失的证明妨碍行为，很多国家的立法都没有对过失的证明妨碍行为直接推定当事人的主张是真实的规定。的确，对于主观故意造成的证明妨碍，学界和实务部门将应证事实拟制为真实的观点是有道理的，经验法则是证明妨碍制度的法理基础之一，也是这个制度产生的最初的价值基础。按照经验法则，医务人员实施伪造病历、篡改病历等行为的原因是病历记载的内容对他们是不利的，否则他们不会实施这种违法行为。基于此，当出现这些故意的情形就推定医疗机构有过失具有正当性。对于主观过失造成的证明妨碍，一般不能通过经验法则直接推定有过失，因为在妨碍行为和将应证事实拟制为真实之间缺乏逻辑上的联系，无法针对这些过失行为直接推定当事人有过失。基于过失的证明妨碍行为的法律后果，往往是先降低证明度，然后再根据了解案件事实的困难程度来确定法律后果。当然，也不是说基于过失的证明障碍就一定不能推定过失，在证明障碍的法理基础从经验法则扩展到诚实信用原则、期待可能性等多元基础后，基于过失的证明障碍推定过失也逐渐具有了一定的正当性。

不难看出，在医疗机构的主观可归责性与救济和制裁的手段上，没有采用直接"认定过失说"，只是在是否采用"推定过失说"上存在学说争议。

3. 医疗机构与患者的利益衡量

学界认为，对证明妨碍规定推定过失的效果是正当的，会促使他们诚信地面对已经发生或未来发生的诉讼。本书认为，选择"认定过失说"与"推定过失说"确实应注意对妨碍者权利的保护，以免造成不良后果，[1]不能因为妨碍者实施妨碍行为，就对其利益毫无顾忌。由此可见，《民法典》第1222条第2项和第3项的法律后果采过失认定说是不合理的，因为它不利于维护妨碍者的权利，过于保护患方的权利。此外，《民法典》第1222条第2项和第3项规定的情形中，既有基于故意的情形，也有基于过失的情形，依据学界的观点，对基于故意的证明妨碍行为，都会给妨碍人保障其权益的机会，则对基于过失的证明妨碍行为更应给予保障其权益的机会，"认定过失说"将两者完全同等看待会使基于过失遗失病历的医疗机构承担过重的责任。

通过综合考虑这三种因素，"推定过失说"要比"认定过失说"合理，《民法典》第1222条第2项和第3项的法律后果应该是推定有过失。

二、医疗机构的反证事由

对《民法典》第1222条第2项和第3项规定的法律后果确定为推定过失后，接下来分析医疗机构如何进行反证。

（一）对既有观点的评析

1. 对针对病历的故意和过失的行为进行反证观点的评析

医疗机构的反证事由是指推定过失后，医疗机构如何针对这种推定的过失进行反证，而不是针对伪造病历等故意的行为和遗失病历的过失行为进行反证，具体理由如下：一方面，伪造或遗失病历等情形已经由法院通过当事人的举证确认了伪造病历或遗失病历等事实的存在，已经不存在反证的可能了。在伪造或遗失病历等情形的事实确定之前，医疗机构确实可

---

〔1〕 毕玉谦：《民事诉讼证明妨碍研究》，北京大学出版社2010年版，第413页。

以针对患者的举证进行抗辩，但一旦事实确定，就不能再反证了。另一方面，《民法典》第1222条第2项和第3项推定过失是从侵权责任构成要件的角度而言的，具体来说，出现这些行为是推定医疗行为有过失，而不是推定病历的伪造、遗失有过失。

2. 对医疗机构可以反证无过失观点的评析

部分学者主张推定过失后，医疗机构可以以其不存在过失进行反证。立法部门也赞同这种观点，本书认为，这种观点具有一定的合理性。这种观点指出了医疗机构反证事由的一种思路，即医疗水平才是医疗过失的判定标准，证明障碍尽管是一种特殊情形，但不能完全脱离医疗水平另行制定一种特殊的标准。

不过，这种观点也存在一定的问题，这种观点没有认识到针对病历的故意行为和过失行为是有本质区别的，应分别设置反证事由，否则，就会出现对医疗机构过于宽容或过于严厉的状况，同时，医疗机构的主观可归责性与救济和制裁的手段之间的均衡性也未得到体现。

（二）医疗机构的反证事由

1. 伪造、篡改等故意针对病历的情形推定过失后的反证事由

本书认为，对于针对病历故意实施的伪造、篡改、违法销毁、隐匿和拒绝提供病历等行为，医疗机构不能再通过其他证据证明其医疗行为符合当时的医疗水平标准的要求进行反证，具体理由有二：第一，如果允许用该事由进行反证，则与证明妨碍制度出现冲突。依据证明妨碍理论，这种推定过失和民法上的事实推定有本质的不同，前者具有一定的惩罚性和制裁性，后者不具有任何的惩罚性和制裁性，前者不存在再通过其他证据对待证事实加以证明的问题，后者存在再通过其他证据对待证事实加以认定的问题。第二，医疗机构实施伪造病历等故意行为，推定过失后再允许其用其他证据进行反证于情理上也难言正当，因为这些行为都是具有恶意的，理应受到一定的惩罚，如果允许其用其他证据进行反证，

则无异于没有给予其任何惩罚措施。尽管惩罚性往往是公法规范的鲜明特征，私法规范往往具有补偿性，但近些年来，私法中也有体现惩罚性的规范。

当然，这些情况下，为保障医疗机构的利益，医疗机构也有反证的事由，由于针对这些故意的行为，法院在要求患者举证时，虽然要求患者提出其他情况证据证明系争证据内容即为其所主张可证明待证事实存在的内容，[1]但对其证明度的要求非常低，因此，医疗机构可以以伪造病历等行为所涉及的病历资料的内容与案件事实无关或者虽与案件事实有关，但不属于必须要采取的医疗措施为由进行反证。如果医疗机构反证成功，则患者要重新针对过失进行举证，否则就会面临不利后果。如果医疗机构反证不成功，则这种推定就变成了事实，医疗机构具有过失的构成要件已经满足。

2. 遗失病历推定过失后的反证事由

对于遗失病历资料推定过失的情形，本书认为，应放宽医疗机构反证事由的范围，具体理由如下：一方面，从其他国家和地区的经验看，病历资料遗失的情形往往不推定过失，而是根据案件事实和医疗过失的判定标准对是否存在医疗过失进行认定。这种做法的理由是遗失病历难以与该病历资料对医务人员不利之间发生逻辑上的有机联系。另一方面，我国《民法典》第 1222 条第 2 项和第 3 项的法律后果是推定过失已经明确，再从立法论的角度提出遗失病历不推定过失的建议已经不现实，不如采取一种迂回的方式，通过扩大医疗机构的反证事由的范围来缓解立法上的不足。

基于此，本书认为，在遗失病历推定过失的情形中，医疗机构的反证事由包括如下内容：第一，遗失的病历资料的内容和案件事实无关。遗失病历资料属于过失的情形，因此，对患者的举证要求较高，患者须提出证

---

[1] 毕玉谦：《民事诉讼证明妨碍研究》，北京大学出版社 2010 年版，第 274 页、第 433 页。

据证明遗失的病历的内容即为其所主张的证明待证事实的内容，[1]尽管如此，仍可能存在遗失的病历资料的内容和案件事实无关的情况，因此，医疗机构可以以这一事由进行反证。第二，遗失的病历资料所涉及的内容不属于必须要采取的医疗措施。遗失的病历资料的内容虽与案件事实有关，但如果不属于必须采取的医疗措施，则可以成为医疗机构的反证事由。在其他国家就有这样的判例，先要对遗失的病历资料中的内容是否为必须的医疗措施进行审视，然后再进一步判定过失的问题。第三，尽到了当时的医疗水平。医疗水平是医疗过失的判定标准，在证明障碍情形下，除对极特殊的情形作出特别规定外，都要按照医疗水平标准衡量是否有医疗过失。从其他国家的实践来看，这里的"其他证据"可以是证人证言、手术录像等。

第五节 病历记载不全情形医疗过失的判定

一、病历记载不全的成因分析

要解决病历记载不全情形的医疗过失判定问题，必须先弄清楚病历记载不全的成因。

（一）隐瞒错误的医疗行为

整个医疗过程可以分为临床决策过程和临床操作过程，医务人员的错误有时会发生在临床操作阶段。面对这种错误，医务人员为了在最大程度上避免民事责任的承担，他们有时不会按照规定将临床操作行为中的错误记载于病历中。我国台湾学者吴志正教授指出，基于注意力不集中和精神不济等因素，医师可能在具体的执行过程中，会出现医疗疏失，但他们不

---

[1] 毕玉谦：《民事诉讼证明妨碍研究》，北京大学出版社 2010 年版，第 274 页、第 433 页。

会将这种疏失记录于病历之中，[1]该学者将这种错误称为密室性医疗过失，意思就是说该过失藏在密室里，如果医务人员不对外揭露，则患者和法官都不可能知道。[2]实践中有这样的案例，原告到被告医疗机构进行整形手术，由于存在临床操作错误而使整形手术不成功，医务人员为了掩盖临床操作错误，在病历中不记载相关内容。医务人员虽然实施了错误的医疗行为，但本人并没有发现，因此，病历记载可能不全，这种情形属于隐瞒医疗行为的错误操作。

（二）其他原因

其他原因是指除隐瞒错误的医疗行为以外的原因，还包括很多具体原因，[3]如有的是因为医务人员凭借印象撰写病历；有的是利用现代社会中病历撰写大都在电脑上进行的特性，大量复制和套用同类疾病患者的病历记载的内容；有的是因为医务人员病历撰写能力低；有的是因为没有养成正确的病历书写习惯。这一类原因在实践中非常多，无法进行完全列举。这些原因共同的特点是会导致一些医疗行为中的处置行为未被记录在病历中。在这些原因中，医务人员并不是基于故意的心理状态造成病历记载不全的，而是由于医务人员怠于履行病历记载的规定而形成的。

不难看出，上述两种情形中，前一种情形是医务人员故意实施证明障碍行为，后一种情形是医务人员过失地实施证明障碍行为。这两种情形中，前一种较少，后一种较多。这两种情形在实践中有很多时候不容易被发现。

二、病历记载不全情形医疗过失的具体判定

（一）隐瞒错误医疗行为致病历记载不全情形的过失判定

在病历中隐瞒错误的医疗行为时，医疗过失可以按照如下方案进行

〔1〕 黄丁全：《医事法新论》，法律出版社2013年版，第506页。
〔2〕 吴志正："变动中之民事医疗过失判定基准"，载《政大法学评论》2019年第9期。
〔3〕 曾跃萍、刘鑫："病历书写存在的问题与对策"，载《医学与社会》2015年第1期。

判定：

1. 查明案件事实，根据医疗水平标准进行判定

有些时候，未按照规定记载医疗行为中错误操作的情形是可以被查清的，这种情形往往能通过后续的治疗和检查发现之前治疗中的错误。如在王某某与信阳市红十字会康复医院卫生院的医疗过失纠纷中，在后续的治疗中发现治疗错误，但治疗错误没有在病历中记载，如果这种情况是医师在记载病历之前知悉的，则属于隐瞒医疗行为中的错误操作。[1]在赵某某与某镇中心卫生院医疗过失纠纷中，在后续检查中，发现手术部位错误，但该治疗错误并未在原来的病历中进行记载，如果该案医师在记载病历之前知悉这种情况，就属于故意隐瞒医疗行为中的错误操作，[2]则这种情况下依据医疗水平标准就可以对过失进行判定。这种情形不能直接以医务人员的医疗行为存在错误操作就直接认定为有过失，因为判定有过失并不是以医疗行为的结果来进行，而是看其他医务人员是否在相同的情形下会出现同样的状况。

2. 适用事实自证规则进行判定

在隐瞒错误的医疗行为致病历记载不全时，有些时候无法查清案情。这种情况可以适用事实自证规则来解决其过失判定问题。尽管事实自证规则适用的首要条件是损害原因不明，但从经验可知没有过失通常就不会有损害的发生。在美国，适用这一要件时并不要求医务人员的过失并不是损害发生的唯一原因，只要是损害发生的最可能的原因即可。在我国，也有学者认为这个要件的适用逐渐从严格转向宽泛。[3]

为了能科学适用事实自证规则，我国法院应避免以下两种情形的出现：第一，科学依据不足和论证不严谨。在适用事实自证规则时，我国台

---

[1] 河南省信阳市中级人民法院（2016）豫 15 民终 257 号民事判决书。
[2] 江苏省徐州市睢宁县人民法院（2016）苏 0324 民初 2778 号民事判决书。
[3] 纪格非："事实不证自明——突破医疗损害诉讼证明困境的另一视角"，载《证据科学》2016 年第 3 期。

湾地区有些法院往往在没有经过认真论证就简单套用事实自证规则，遭到学界的批评。[1]人体是个复杂的系统，对疾病的治疗既可能对身体局部的组织产生损伤，又可能在整个身体中引起不良反应，如手术不仅会造成身体局部的损伤，还可能影响全身的消化系统、神经内分泌系统、泌尿系统和循环系统。基于此，仅仅根据非手术或非注射部位损伤就推断存在医疗过失，显然是有问题的。同时，患者有个体差异，对于同样的手术，不同患者的并发症可能并不相同。如果发生损害就推定存在医疗过失，则无异于对医务人员施以结果责任。第二，误用医学专业术语。医学上有许多专业术语，有的术语有明确的定义，如我国法律对药品的不良反应就有明确的定义，而有的术语则未有明确的界定，如"并发症"。在应用事实自证规则时，要对这些专业术语有正确的理解，否则就会存在医学专业术语的误用问题。如按照医学统计，子宫切除手术会有1%的概率损伤输尿管，法官将此理解为，通常在进行子宫切除手术时不会造成输尿管损伤，如果一旦造成这种后果，医疗行为就存在过失，[2]法官的这种理解是错误的，因为1%的概率损伤输尿管的原因有多种，有可能是患者个体差异的原因，也有可能是医务人员操作过失的原因或其他原因。医学上的统计分析旨在为从事医疗行为提供数据参考，未必都与医疗过失发生一一对应关系。[3]

为了科学适用事实自证规则，我国实践中还应发挥现有规则和学科的优势。第一，充分发挥鉴定的功能和作用。尽管病历中未记载或未如实记载患者情况，但这并不妨碍法官和鉴定机构加强联系，就相关专业问题进行鉴定。《医疗解释》第11条第2款第7项规定，其他专业问题也可以做鉴定。因此，法官可以结合具体案件的情况，围绕系争案件中患者疾病的

〔1〕 林萍章、吴志正主编：《医疗诉讼判解评析——医与法的交错！》，元照出版有限公司2018年版，第63~76页。

〔2〕 详细案情参见林萍章、吴志正主编：《医疗诉讼判解评析——医与法的交错！》，元照出版有限公司2018年版，第48~54页。

〔3〕 Bovenzi v. Kettering Health Authority [1991] 2 Med. L. R. 293, QBD.

通常治疗状况、并发症的情况、损害发生的原因和医疗过失原因占据的比重等问题进行鉴定，获取专业意见，最终作出事实认定。第二，充分发挥专家辅助人制度的功能和作用。根据我国现有法律及司法解释，在有专家辅助人出庭的案件中，专家辅助人可以针对鉴定意见或案件专门问题发表意见，而且所发表的意见经质证后还能作为认定事实的根据。在医疗过失判定的案件中，法官往往无法从专业角度审视鉴定意见，对有疑惑的专业问题即使得到鉴定人的答复，也往往心存疑虑，不知道是否正确。专家辅助人都具有与案情紧密相关的专业知识，不仅能够回答法官对一些专业问题的困惑，在一定程度上弥补法官的知识缺陷，同时，专家辅助人还能与鉴定人形成对垒，构成有效对质，一定程度上保障了鉴定意见的科学性。我国专家辅助人制度在运行机制上尚存在一定的问题，有学者认为，应给予专家辅助人意见以独立的证据类型，有的学者则认为应给予专家辅助人以独立的诉讼地位。我国应认真反思专家辅助人制度存在的问题，然后进行制度完善，从而使这项制度能够科学、高效地运行。第三，充分利用流行病学知识。流行病学是研究特定疾病的"群体"分布及其临床特征的一门学科。通过查阅文献，法官和鉴定机构就可以知道系争案件中患者所患疾病的治愈率、死亡率、引起相关并发症和副作用的概率和手术失误率等，这些数据对于弄清楚系争案件是否存在医疗过失是有很大帮助的，但在使用这些数据时，应准确了解这些术语的含义，否则就可能得出错误结论。

事实自证的法律效果存在争议，我国有不少学者赞同过失推定说，本书也主张采纳这种观点。这种推定是一种初步的推定，医务人员可以针对这种推定提出证据进行反证，如果法官认可了医务人员的反证，则医务人员不具有医疗过失，如果法官不认可医务人员的反证，则医务人员的医疗过失得以判定。当然，被告的反证离不开当时的医疗水平这一标准，只有医疗机构的反证尽到了这个标准的要求，反证才会成功。

3. 类推适用《民法典》第 1222 条第 2 项、第 3 项

类推适用是一种法律漏洞的补充方法。它是对缺乏法律规定的案件，比照相类似的法律规定进行案件处理的一种方法。当隐瞒错误医疗行为的案件无法查清事实时，司法实务部门可以类推适用《民法典》第 1222 条第 2 项的规定，推定医疗机构有过失。之所以这种情形可以类推适用该条文，是因为这种情况符合类推适用的要件：一是这种案件缺乏法律规定。在病历中隐瞒错误的医疗行为不能被《民法典》第 1222 条第 2 项和第 3 项所涵盖。在病历中隐瞒错误的医疗行为肯定不属于伪造、篡改、遗失的情形。它也不属于销毁病历的情形，因为销毁病历是指医疗机构将其保存的病历进行损毁的行为，在病历中隐瞒错误医疗行为不是对保存的病历进行损毁；它还不属于拒绝提供病历的情形，因为拒绝提供病历是指在病历存在的前提下拒绝交付的行为，而在病历中隐瞒错误医疗行为则是指病历中根本未记载。二是类推适用不加重当事人的法律责任。《民法典》第 1222 条第 2 项和第 3 项规定的情形中，大多数都是基于故意实施证明障碍行为，在病历中隐瞒错误医疗行为也是故意实施证明障碍行为，因此对这种行为推定过失并不会加重医疗机构的责任。

（二）其他原因致病历记载不全情形的过失判定

病历中应记载的内容没有记载，肯定会产生一定的后果。其他原因致病历记载不全的情形主要体现在治疗措施未记载和治疗过程未记载两个方面。

1. 治疗措施未记载情形的过失判定

从其他国家和地区的实践来看，仅仅是治疗措施未在病历中记载，并不当然地使患方享有优势地位，从而能直接推定医务人员有过失。如果对患者的治疗措施未记载于病历中时，应允许医疗机构提供其他证据来证明其已经对患者采取了治疗措施，如果医疗机构没有提供这方面的证据，就推定医疗机构未实施该治疗措施。

在这个问题上，不能对《民法典》第 1222 条第 2 项、第 3 项进行扩张解释，进而推定医疗机构有过失，具体理由有二：第一，这种病历记载不全的情形都是基于过失的原因形成的，它与推定过失之间难以形成逻辑上的联系，虽然遗失病历也属于过失情形并被推定有过失，但基于过失的原因造成病历上的证明障碍，在推定过失时确实应该慎重。第二，治疗措施未记载并不表明医务人员一定未采取该治疗措施。《民法典》第 1222 条第 2 项和第 3 项的性质是证明妨碍，在适用该规则时，应具备的条件之一是举证困难，而治疗措施未记载于病历中并不符合这种情况，因为医务人员还有进一步证明采取了治疗措施的可能。

这种情况下，我国应首先推定未采取诊治措施，如果医务人员未进一步提供证据证明，则未采取诊治等措施的事实将成为确定的事实，此时需要根据确定事实是否为该案件中必须要采取的诊治措施来判断医疗过失，如果根据医疗水平标准，该措施属于应当采取的治疗措施，则医务人员的医疗行为就有过失，如果根据医疗水平标准，该措施不属于应当采取的治疗措施，则医务人员的医疗行为就没有过失。

2. 治疗过程未记载情形的过失判定

实践中，还存在治疗过程都未在病历中记载的情形，这种情形在门诊病历中体现得更为明显。如在一起疑似输液引起的不良反应的案件中，医务人员对检查、治疗过程和用药均未在病历中记载。[1]

对于这种情形，首先应查明案件事实，如果案件事实能查清，则可以依照这些事实，根据医疗水平标准来判定医务人员是否存在过失。在实践中，有些案件还是能够查明案件事实的，只不过是需要付出一定的时间和精力。在实践中，有些鉴定机构常常以治疗过程记载严重不全为由退出鉴定，这种情况下，法院也应该通过证人证言等其他证据尽量查明案件事实。

---

〔1〕 申卫星主编：《医疗纠纷预防和处理条例条文释义与法律适用》，中国法制出版社 2018 年版，第 174 页。

如果案件事实无法查清，则在满足构成要件的情形下，可以运用事实自证规则来解决过失判定问题。具体适用条件和前文中列明的条件相同。

司法实践中，有的法院将治疗过程未记载认定为隐匿或拒绝提供病历的行为，进而根据《民法典》第 1222 条第 2 项的规定，推定医务人员有过失。[1]本书认为，这种认定是错误的，因为无论是隐匿病历的行为还是拒绝提供病历的行为，都是基于故意的心理状态实施的，而治疗过程未记载都是基于过失的心理状态实施的行为，两者具有实质的不同，不能混为一谈。当然，如果治疗过程未记载符合证明妨碍的构成要件的话，也可以依据证明妨碍规则进行处理，在其他国家上也有这样的处理方式，通过降低证明度和事实推定的方式对过失进行判定。我国也可以通过这种方式来解决过失判定问题，不过在采用这两种方式时，应先通过降低证明度的方式解决，只有通过证明度的方式解决不了的情况下，才考虑推定过失方式的运用。

---

〔1〕 四川省成都市中级人民法院（2019）川（01）民终 13468 号民事判决书。

结　论

医疗过失的判定是医疗纠纷解决中的焦点和难点。尽管我国《民法典》和一些单行法用多个条文对其进行规范，但学界和司法实务部门对医疗过失的判定规则仍存在诸多分歧。这种现状既不利于缓解较为紧张的医患关系，又不利于我国医疗事业的健康发展。

医疗水平被我国现行法规定为医疗过失的判定标准后，它如何落实就成为学界和司法实践面临的课题。我国既往的研究成果既不深入，又不够全面，难以对医疗水平标准在实践中良性运转提供支持。从学理的角度言之，医疗水平标准的内涵较为抽象，应通过如下路径使其具体化。第一，在概念上，应将医疗水平定义为普通医务人员通常所具有的水平。由于医务人员的平均水平缺乏操作性，因此不能用其来定义医疗水平。第二，在注意义务上，应将医疗水平解释为合理注意义务，而不是高度注意义务。我国学界主张的医务人员负有高度注意义务的观点是值得商榷的，这种主张导致司法实践中过度判定医务人员有过失，从而导致医务人员采取防御医疗的措施，最终不利于医患双方合法权益的实现。第三，在内容上，应将医疗水平细化为普通医务人员所具有的专业知识和专业技能与一般理性人所应尽到的注意义务。这两项内容的关系是后者对前者起到补充和监督作用。当个案中医疗水平难以确定时，医务人员应秉持理性人的注意实施医疗行为。在运用理性人的标准来判定医疗过失时，尽管法官有权决定是否具有医疗过失，但由于医疗纠纷具有很强的专业性，因此，只有在医务人员实施的医疗行为在逻辑上站不住脚或有较大的不合理时，才能认定其有过失。从我国现行立法的角度言之，碎片化的立法状况不利于医疗水平的具体落实。这种碎片化的立法状况体现在实体法层面上确立了不同的医疗过失判定标准和在程序法层面上程序法规范和实体法规范之间衔接不畅。面对这种困境，我国应从实体法和程序法两个层面进行改革。在实体法层面，无论是制定新的法律还是对现有法律进行修改，都不应再规定违反诊疗规范应承担侵权责任，《基本医疗卫生与健康促进法》第 106 条"违反本法规定……，造成人身、财产损害的，依法应承担民事责任"的规定应该废除。我国在要制定的法律或修改的法律中应规定医疗水平标准，同时保留对医务人员应遵守诊疗规范的规定。这种做法既可以与我国医疗行为的发展规律保持一致，又可以使医疗水平标准得到有效落实。在程序法层面，应制定或修改相应的规范，增加当地医疗水平的规定，改变现行规定只注重规定遵守行业规范的现状。医疗水平标准还要注重在司法实践层面得到落实。在路径选择上，我国应修改《医疗解释》第 16 条，对衡量医疗水平的因素进行修改，增加新知识、新技术与医疗行业政策的实施效果两个因素，使其更加完善和科学。同时在具体个案中应加强医疗水平标准的运用，应加强医疗水平标准的解释，使个案中医疗水平标准能够得到准确和科学的适用。

在我国，学界对违反诊疗规范的后果的争议是较大的。造成这种现状的原因是我国学界和司法实务部门对诊疗规范的制定状况缺乏了解。对违反诊疗规范推定为过失的法律后果既符合诊疗规范的本质，又符合诊疗规范在临床实践中应有功能的实现。就诊疗规范的本质而言，诊疗规范类型多样，而且不同的诊疗规范是根据不同的临床证据等级形成的，整体上应将诊疗规范定位为合理证据。就诊疗规范的功能而言，虽然我国现行法规定医务人员应遵守诊疗规范，但诊疗规范在临床实践中发挥的是指导作用。

违反诊疗规范推定为有过失后，紧接着要对医疗机构的反证事由进行分析，否则仍然不能消除对违反诊疗规范后果存在认识分歧的现状。我国学界对医疗机构反证事由的认识是碎片化的，我国现行法及司法解释也没有对医疗机构反证事由作出规定。考虑到《民法典》刚刚颁布实施，短期内不可能进行修订工作，我国应在司法解释中系统规定医疗机构的反证事由。构建医疗机构的反证事由应遵循一定的价值取向。这种价值取向包括三个方面：一是符合我国现行法的规定。如果不符合我国现行法的规定，则所构建的反证事由将失去合法性。二是符合医学科学的发展规律。如果不符合医学科学的发展规律，则所构建的反证事由既不利于对患者的疾病进行治疗，又不利于医务人员正确实施医疗行为。三是符合我国目前诊疗规范的制定状况。如果脱离诊疗规范制定的实际状况构建反证事由，不但不能维护医患双方的合法权益，而且医疗事业也不能得到健康发展。医疗机构的反证事由应从最终反证事由和初步反证事由两个层面进行类型化。最终反证事由是指一旦反证成立，就不构成医疗过失的事由。通过对《民法典》相关规范进行分析，最终反证事由应包括通常情况下尽到当时的医疗水平和紧急情况下尽到合理的诊疗义务。初步反证事由与最终反证事由不同，它不是一旦反证成立就不构成医疗过失的事由，它的价值在于能推翻对医疗机构有过失的推定，促使双方的举证责任回归到最初状态，患者须就医务人员有过失重新进行举证。初步反证事由具体包括患者的个体差异、正在使用的诊疗规范已经过时和诊疗规范具有不合理性。这三种反证事由都是从诊疗规范的适用角度进行构建的，但具体内容并不相同。患者的个体差异是从诊疗规范适用于患者的个体情况而言的；诊疗规范已经过时是从诊疗规范的更新情况而言的，我国有很多诊疗规范更新率较低，不能及时反映出诊疗规范的发展动态；诊疗规范具有不合理性是指由于临床证据不真实或者不科学等原因导致所制定的诊疗规范具有不合理性。

医疗过失判定中会遇到证明障碍的情形。我国《民法典》第 1222 条第 2 项和第 3 项也对此作出了规定。学界和司法实务部门对该条所规定的情形的法律后果存在分歧，本书从该条的规范意旨、医疗机构的主观状态与救济、制裁措施的选择和医患双方的利益衡量三个维度进行分析。在该条的规范意旨上，立法部门既有惩罚医疗机构的意图，也有平衡当事人举证能力的意图。基于此种立法意图，直接认定医疗机构有过失并不合理，应采纳推定有过失的观点。在医疗机构的主观状态与救济、制裁措施的选择上，对于故意实施证明障碍的行为，往往采取过失推定的做法，对于过失实施证明障碍的行为，往往采取降低证明度的做法来解决过失判定问题。在医患双方的利益衡量上，直接认定过失不利于维护作为妨碍者的医疗机构的利益，采取推定过失的做法，能够给予医疗机构通过反证来保障自身权益的机会。发生这些情形推定医疗机构有过失后，接下来要解决的是医疗机构的具体反证事由。对于故意针对病历实施证明障碍的行为，只能以系争案件所涉及的病历的内容与案件事实无关进行反证，不应该允许其以所实施的医疗行为符合当时医疗水平进行反证。对于遗失病历推定过失的反证事由，可以通过病历的内容与案件事实无关、遗失病历所涉及的内容不属于必须采取的医疗措施和尽到了当时的医疗水平进行反证。病历记载不全情形的过失判定，应区分在病历中隐瞒错误医疗行为和其他原因致病历记载不全两种情形，对于前一种情形，应先采取查明案件事实，然后根据医疗水平标准进行过失判定的做法，如果无法查明案件事实，则可以采用事实自证规则和类推适用《民法典》第 1222 条第 2 项和第 3 项的规定，推定医疗机构有过失。对于因其他原因致病历记载不全的情形，如果仅仅是治疗措施未记载于病历中，则应推定医疗机构未实施该医疗措施，如果医务人员无法证明采取过该治疗措施，就要根据医疗水平标准判定医疗过失。如果治疗过程未记载于病历中，那么能查明案件情况时，就要根据医疗水平标准进行过失判定，不能查明案件情况，就要根据事实自证规则和证明妨碍规则来解决过失判定问题。

　　由于研究能力有限，本书对医疗过失判定的研究仍不够深入，对有些问题的研究只是停留在宏观层面的简要分析上，未能提出一个严密的解决思路。本人愿意在今后的学习中对其再做深入研究。

参考文献

一、中文著作

（一）医学类

［1］ 王家良主编：《循证医学》，人民卫生出版社 2016 年版。

［2］ 梁海伦：《以患者为中心的医疗服务与管理》，化学工业出版社 2019 年版。

［3］ 韩光亮、郭崇政主编：《临床循证医学》，中国医药科技出版社 2016 年版。

［4］ 邱祥兴：《医学伦理学》，人民卫生出版社 2016 年版。

［5］ 高炜主编：《冠心病规范化防治——从指南到实践》，北京大学医学出版社 2017 年版。

［6］ 雷寒主编：《高血压规范化防治——从指南到实践》，北京大学医学出版社 2017 年版。

［7］ 唐金陵、Paul Glasziou 主编：《循证医学基础》，北京大学医学出版社 2010 年版。

［8］ 李为民：《优质医疗资源下沉——华西甘孜藏族自治州模式》，人民卫生出版社 2019 年版。

［9］ 黄葭燕：《上海市住院医师规范化培训实施效果评估》，复旦大学出版社 2017 年版。

［10］ 国务院发展研究中心社会部课题组：《推进分级诊疗：经验·问题·建议》，中国发展出版社 2017 年版。

［11］ 王涵、李正赤：《医学人文导论》，人民卫生出版社 2019 年版。

［12］ 毛瑛、王雪等：《分级诊疗背景下医联体实施效果研究》，知识产权出版社 2020 年版。

［13］ 孙旭光编著：《眼科临床指南解读：细菌性角膜炎》，人民卫生出版社 2017 年版。

［14］李立明：《公共卫生与预防医学导论》，人民卫生出版社 2017 年版。

［15］王拥军：《脑海深处》，科学技术文献出版社 2015 年版。

［16］李幼平主编：《循证医学》，人民卫生出版社 2014 年版。

［17］傅华：《预防医学》，人民卫生出版社 2020 年版。

［18］北京医师协会：《呼吸内科诊疗常规》，中国医药科技出版社 2012 年版。

［19］北京协和医院：《感染性疾病诊疗常规》，人民卫生出版社 2004 年版。

［20］北京协和医院：《消化内科诊疗常规》，人民卫生出版社 2012 年版。

［21］何权瀛主编：《呼吸内科诊疗常规》，中国医药科技出版社 2012 年版。

［22］项道满、于刚主编：《儿童眼病诊疗常规》，人民卫生出版社 2014 年版。

［23］北京儿童医院：《内科诊疗常规》，人民卫生出版社 2016 年版。

［24］邹静、李小冰：《儿童口腔科诊疗与操作常规》，人民卫生出版社 2018 年版。

［25］刘续宝、孙业桓主编：《临床流行病学与循证医学》，人民卫生出版社 2018 年版。

［26］鹿鑫、顾蔚蓉：《妇产科临床思维培训教程》，高等教育出版社 2019 年版。

［27］田穗荣：《我在美国当医生》，科学普及出版社 2016 年版。

［28］眭建：《临床医学导论》，江苏凤凰科学技术出版社 2017 年版。

［29］郑建中主编：《临床医学导论》，中国医药科技出版社 2016 年版。

［30］和水祥、黄钢主编：《临床医学导论》，人民卫生出版社 2016 年版。

［31］唐小丽：《现代临床妇产科学与儿科学》，科技文献出版社 2014 年版。

（二）法学类

［1］崔建远：《合同法》，北京大学出版社 2012 年版。

［2］申卫星主编：《医疗纠纷预防和处理条例条文释义与法律适用》，中国法制出版社 2018 年版。

［3］于雪锋：《侵权法可预见性规则研究——以法律因果关系为视角》，北京大学出版社 2017 年版。

［4］林位强：《澳门医疗事故法研究 兼论非财产损害赔偿》，法律出版社 2017 年版。

［5］王利明：《合同法研究》（第四卷），中国人民大学出版社 2013 年版。

［6］周友军：《交往安全义务理论研究》，中国人民大学出版社 2008 年版。

［7］黄薇主编：《中华人民共和国民法典侵权责任编解读》，中国法制出版社 2020 年版。

［8］陈聪富：《侵权归责原则与损害赔偿》，北京大学出版社 2005 年版。

［9］刘家兴、潘剑锋：《民事诉讼法》，北京大学出版社 2018 年版。

［10］孟强：《民法典侵权责任编释论：条文缕析、法条关联与案例评议》，中国法制出版社 2020 年版。

［11］赵西巨：《医事法研究》，法律出版社 2008 年版。

［12］黄薇主编：《中华人民共和国民法典侵权责任编解读》，中国法制出版社 2020 年版。

［13］姚军：《医事法学》，复旦大学出版社 2020 年版。

［14］梁上上：《利益衡量论》，法律出版社 2016 年版。

［15］申卫星：《中华人民共和国基本医疗卫生与健康促进法理解与适用》，中国政法大学出版社 2020 年版。

［16］王利明：《侵权责任法研究（上卷）》，中国人民大学出版社 2010 年版

［17］王利明：《侵权责任法研究（下卷）》，中国人民大学出版社 2011 年版。

［18］程啸：《侵权责任法教程》，中国人民大学出版社 2020 年版。

［19］程啸：《侵权责任法》，法律出版社 2015 年版。

［20］杨立新：《简明侵权责任法》，中国法制出版社 2015 年版。

［21］周友军：《侵权法学》，中国人民大学出版社 2011 年版。

［22］蔡颖雯：《侵权过错认定法律问题研究》，法律出版社 2016 年版。

［23］邹海林、朱广新主编：《民法典评注：侵权责任编》，中国法制出版社 2020 年版。

［24］贾媛媛：《行政法对民事侵权责任之规范效应研究》，法律出版社 2017 年版。

［25］胡雪梅：《英国侵权法》，中国政法大学出版社 2003 年版。

［26］朱柏松等：《医疗过失举证责任之比较》，华中科技大学出版社 2010 年版。

［27］陈聪富：《医疗侵权行为之构成要件分析》，元照出版有限公司 2014 年版。

［28］刘鑫：《医事法学》，中国人民大学出版社 2015 年版。

［29］王利明主编：《中华人民共和国侵权责任法释义》，中国法制出版社 2010 年版。

［30］冯玉军：《法经济学》，中国人民大学出版社 2013 年版。

［31］陈聪富：《医疗责任的形成与展开》，台大出版中心 2019 年版。

［32］吴振吉：《医疗侵权责任之过失判定》，元照出版有限公司 2020 年版。

［33］于佳佳：《医疗过失犯罪的比较法研究》，元照出版有限公司 2017 年版。

［34］夏芸：《医疗事故赔偿法——来自日本法的启示》，法律出版社 2007 年版。

［35］杨立新：《医疗损害责任研究》，法律出版社 2009 年版。

［36］张文显：《法理学》，高等教育出版社 2018 年版。

［37］汪建荣：《中国医疗法》，法律出版社 2018 年版。

［38］孔祥俊：《法官如何裁判》，中国法制出版社 2017 年版。

［39］王利明：《法学方法论》，中国人民大学出版社 2012 年版。

［40］杨立新：《侵权责任法》，法律出版社 2018 年版。

［41］赵万一主编：《医事法概论》，华中科技大学出版社 2019 年版。

［42］马辉：《基本医疗背景下医疗损害责任研究》，中国人民大学出版社 2018 年版。

［43］司法部司法鉴定科学技术研究所、上海市法医学重点实验室编著：《医疗纠纷的鉴定与防范》，科学出版社 2015 年版。

［44］古津贤、强美英主编：《医事法学》，北京大学出版社 2011 年版。

［45］《医疗事故处理条例》起草小组编写：《医疗事故处理条例释义》，中国法制出版社 2002 年版。

［46］宋儒亮主编：《医事法学进展在广东》，法律出版社 2016 年版。

［47］梁慧星：《裁判的方法》，法律出版社 2012 年版。

［48］梁慧星：《读条文　学民法》，人民法院出版社 2014 年版。

［49］杨立新：《医疗损害责任法》，法律出版社 2012 年版。

［50］王学东、王尚柏主编：《医疗事故技术鉴定典型案例评析》，安徽科学技术出版社 2015 年版。

［51］李颖峰：《医事刑法视域中的医疗过失研究》，法律出版社 2020 年版。

［52］张新宝：《侵权责任法》，中国人民大学出版社 2020 年版。

［53］于鹏：《民事诉讼证明妨碍研究》，中国政法大学出版社 2014 年版。

［54］包冰峰：《民事诉讼证明妨碍规则之具体适用》，厦门大学出版社 2015 年版。

［55］沈冠伶：《民事医疗诉讼与纷争处理》，元照出版有限公司 2017 年版。

［56］王岳主编：《医事法》，对外经济贸易大学出版社 2013 年版。

［57］刘家兴、潘剑锋：《民事诉讼法学教程》，北京大学出版社 2018 年版。

［58］毕玉谦：《民事诉讼证明妨碍研究》，北京大学出版社 2010 年版。

［59］黄国昌：《民事诉讼理论及新展开》北京大学出版社 2008 年版。

［60］陈聪富：《侵权行为法原理》，元照出版有限公司 2018 年版。

［61］吴志正：《从鉴定意见谈医疗过失责任之认定》，元照出版有限公司 2014 年版。

［62］刘鑫、张宝珠主编：《医疗纠纷预防和处理条例理解与适用》，中国法制出版社 2018 年版。

［63］黄丁全：《医事法新论》，法律出版社 2013 年版。

［64］王丽莎：《医疗过失理论研究》，中国政法大学出版社 2014 年版。

［65］张忆红：《医师民事责任的法律构造》，高翔译，东南大学出版社 2018 年版。

［66］毕玉谦：《民事诉讼证明妨碍研究》，北京大学出版社 2010 年版。

（三）译著类

［1］［法］西蒙·泰勒：《医疗事故责任与救济：英法比较研究》，唐超译，中国政法大学出版社 2018 年版。

［2］［荷］米夏埃尔·富尔、［奥］赫尔穆特·考茨欧等：《医疗事故侵权案例比较研究》，马静、李昊译，中国法制出版社 2012 年版。

［3］［美］G. 爱德华·怀特：《美国侵权行为法：一部知识史》，王晓明、李宇译，北京大学出版社 2014 年版。

［4］［美］丹·B. 多布斯：《侵权法》，马静、李昊等译，中国政法大学出版社 2014 年版。

［5］［美］文森特·R. 约翰逊：《美国侵权法》，赵秀文译，中国人民大学出版社 2017 年版。

［6］［美］小詹姆斯·A. 亨德森、［美］理查德·N. 皮尔森等：《美国侵权法实体与程序》，王竹、丁海俊等译，北京大学出版社 2014 年版。

［7］［英］查尔斯·福斯特：《医事法》，刘文戈译，译林出版社 2020 年版。

［8］［英］马克·施陶赫：《英国与德国的医疗过失法比较研究》，唐超译，法律出版社 2012 年版。

［9］［英］约翰·廷格、皮帕·巴克：《患者安全、法律政策和实务》，张鲁平、翟宏丽译，中国政法大学出版社 2016 年版。

二、中文论文

（一）医学类

［1］陈耀龙等："中国临床实践指南的发展与变革"，载《中国循证医学杂志》2018 年第 8 期。

［2］陈耀龙等："中国临床实践指南更新情况调查"，载《中国循证医学杂志》2014 年第 2 期。

［3］陈耀龙等："甘肃省皋兰县基层医务工作者对临床实践指南的认知、态度与行为调查"，载《中国循证医学杂志》2014 年第 6 期。

［4］崔立军等："中国康复临床实践指南的质量评价"，载《中国循证医学杂志》2019 年第 6 期。

［5］郭玉玲、刘钦普："中国医疗卫生发展水平区域差异综合评价"，载《中国卫生统计》2016 年第 2 期。

［6］胡菲菲等："2014~2018 年中国宫颈癌临床实践指南的方法学质量评价"，载《中国循证医学杂志》2019 年第 8 期。

［7］胡晶、詹思延："中国临床实践指南制定的现状及建议"，载《中国循证心血管医学杂志》2013 年第 3 期。

［8］黄超等："深化医改背景下我国临床实践指南规范化发展的探讨"，载《中国卫生质量管理》2018 年第 4 期。

［9］黄超等："中国医务人员对临床实践指南的使用和需求调查"，载《中国循证医学杂志》2019 年第 6 期。

［10］雷李美、蓝翔："赴英国皇家全科医师学会全科医学培训的启示"，载《中华全科医学》2016 年第 4 期。

［11］龙囿霖等："全球临床指南数据库运行机制的比较研究"，载《中国循证医学杂志》2018 年第 10 期。

［12］马俊等："某综合性三级医院医疗纠纷产生原因及对策研究"，载《江苏卫生事业管理》2016 年第 4 期。

［13］申晶晶等："眼科医师对临床指南的认知与应用情况调查"，载《中国临床医学》2018 年第 6 期。

[14] 隋宾艳、齐雪然："英国 NICE 卫生技术评估研究决策转化机制及对我国的启示"，载《中国卫生政策研究》2015 年第 7 期。

[15] 王小钦："正确理解和应用临床实践指南"，载《浙江医学》2017 年第 6 期。

[16] 赵明利等："部分基层医疗机构肺癌规范化诊治现状调查"，载《医学与哲学（B）》2016 年第 7 期。

[17] 吴梦佳等："我国临床实践指南利用和需求调查"，载《中华医学图书情报杂志》2016 年第 1 期。

[18] 徐文怡、李婷："产科医生对临床实践指南的认知和实践调查分析"，载《解放军预防医学杂志》2017 年第 5 期。

[19] 肖正华等："中国心房颤动诊疗指南的质量评价"，载《中国循证医学杂志》2019 年第 2 期。

[20] 辛冲冲等："中国医疗卫生服务供给水平的地区差异及空间收敛性研究"，载《中国人口科学》2020 年第 1 期。

[21] 邢丹等："中国骨科临床实践指南的质量评价"，载《中国循证医学杂志》2017 年第 3 期。

[22] 徐信等："中国胃癌临床实践指南的质量评价"，载《中国循证医学杂志》2018 年第 8 期。

（二）法学类

[1] 艾尔肯："论我国医疗损害责任制度的修改与完善——以《民法典·侵权责任编草案（三审稿）》的规定为视角"，载《河北法学》2020 年第 1 期。

[2] 艾尔肯："论新时期医疗纠纷防范对策——以《医疗纠纷预防和处理条例》为视角"，载《北方法学》2019 年第 5 期。

[3] 张红："论国家政策作为民法法源"，载《中国社会科学》2015 年第 12 期。

[4] 许安标："加强公共卫生体系建设的重要法治保障——《基本医疗卫生与健康促进法》最新解读"，载《中国法律评论》2020 年第 3 期。

[5] 王洪平："论'国家政策'之法源地位的民法典选择"，载《烟台大学学报（哲学社会科学版）》2016 年第 4 期。

[6] 孙梦娇、李拥军："善良风俗在我国司法裁判中的应用现状研究"，载《河北法学》2018 年第 1 期。

［7］ 蔡唱："公序良俗在我国的司法适用研究"，载《中国法学（文摘）》2016 年第 6 期。

［8］ 熊静文："诊疗规范中心论与医疗过失的判定——以《民法典·侵权责任编》相关条款的拟定为依归"，载《浙江社会科学》2019 年第 7 期。

［9］ 杜万华等："《关于审理医疗损害责任纠纷案件适用法律若干问题的解释》的理解与适用"，载《人民司法（应用）》2018 年第 1 期。

［10］ 霍家润："医疗损害司法鉴定应坚持同行鉴定原则"，载《中国卫生法制》2014 年第 4 期。

［11］ 刘鑫、单靖雯："开启医疗损害鉴定的新篇章——《医疗纠纷预防和处理条例》医疗损害鉴定模式"，载《中国法医学杂志》2018 年第 4 期。

［12］ 耿振善、张慧超："裁判文书的说理与改革——访中国人民大学法学院张志铭教授"，载《人民法治》2015 年第 10 期。

［13］ 王丽莎："论医疗技术过失的判断标准及原则——兼评《最高人民法院关于审理医疗损害责任纠纷案件适用法律若干问题的解释》第 16 条"，载《医学与哲学（A）》2018 年第 8 期。

［14］ 宋咏堂等："医疗过失的认识与责任"，载《医学与社会》2000 年第 5 期。

［15］ 何怀文："医疗事故诉讼中过失认定"，载《法律与医学杂志》2005 年第 2 期。

［16］ 王聖惠："探讨医疗常规、医疗水准"，载《月旦医事法报告》2017 年第 11 期。

［17］ 陈俊华："判定护理过失的基本标准分析"，载《政法论丛》2013 年第 6 期。

［18］ 赵西巨："论我国立法和司法对法定外在标准的过度依赖——以我国医疗损害责任鉴定与诉讼实践为例"，载《证据科学》2012 年第 3 期。

［19］ 陈聪富："医疗事故民事责任之过失判定"，载《政大法学评论》2012 年第 127 期。

［20］ 于佳佳："论医疗过失的判断标准——解读《侵权责任法》第 57 条对医疗上注意义务的规定"，载《中南大学学报（社会科学版）》2016 年第 3 期。

［21］ 梁慧星："侵权责任法中的医疗损害责任"，载《法商研究》2010 年第 6 期。

［22］ 王竹、舒栎宇："医疗机构过错推定规则的理解与适用——以《侵权责任法》第 58 条及相关条文为中心"，载《医学与法学》2012 年第 2 期。

［23］ 廖建瑜："医疗水准与医疗惯行之注意义务"，载《月旦医事法报告》2017 年第 10 期。

［24］ 周江洪：“日本医疗水准说评析”，载《中国政法大学学报》2008 年第 5 期。

［25］ 邱慧洳：“论医师医疗行为之注意义务”，载《中正大学法学集刊》2016 年第 2 期。

［26］ 侯英泠：“医师请帮我打止痛剂?”，载《月旦医事法学》2017 年第 10 期。

［27］ 廖焕国：“论医疗过错的认定——以医疗损害侵权责任的理解与适用为视点”，载《政治与法律》2010 年第 5 期。

［28］ 王富仙：“医疗行为过失之认定标准”，载《军法专刊》2018 年第 1 期。

［29］ 吴志正：“变动中之民事医疗过失判定基准”，载《政大法学评论》2019 年第 9 期。

［30］ 毕玉谦：“专家辅助人制度的机能定位与立法性疏漏之检讨”，载《法治研究》2019 年第 5 期。

［31］ 曾见：“论‘当时的医疗水平’的解释——《侵权责任法》第 57 条与《德国民法典》第 630a 条的比较”，载《中国卫生事业管理》2015 年第 3 期。

［32］ 曾见：“论《侵权责任法》第 58 条中的‘诊疗规范’”，载《中国卫生事业管理》2017 年第 8 期。

［33］ 邹海林：“指导性案例的规范性研究——一以涉商事指导案例为例”，载《清华法学》2017 年第 6 期。

［34］ 刘作翔：“中国案例指导制度的最新进展及其问题”，载《东方法学》2015 年第 3 期。

［35］ 陈阳等：“《医疗质量管理办法》的亮点和局限”，载《中国医院管理》2017 年第 2 期。

［36］ 陈云良、叶雅儒：“对完善我国医疗鉴定制度的一些思考”，载《医学与法学》2017 年第 3 期。

［37］ 窦海阳：“法院对医务人员过失判断依据之辨析——以《侵权责任法》施行以来相关判决为主要考察对象”，载《现代法学》2015 年第 2 期。

［38］ 郭峰等：“《〈关于案例指导工作的规定〉实施细则》的理解与适用”，载《人民司法》2015 年第 17 期。

［39］ 张家勇、眘强龙：“交通管制规范在交通事故侵权责任认定中的作用——基于司法判例的实证分析”，载《法学》2016 年第 6 期。

[40] 姚苗：“英美法对医疗过失的判定原则及对我国的启示”，载《法律与医学杂志》2007 年第 1 期。

[41] 吴兆祥：“诊疗损害责任纠纷举证证明责任研究——对《最高人民法院关于审理医疗损害责任纠纷案件适用法律若干问题的解释》第 4 条的解读”，载《法律适用》2018 年第 3 期。

[42] 何佳馨：“新中国医疗保障立法 70 年——以分级诊疗的制度设计与进步为中心”，载《法学》2019 年第 10 期。

[43] 李永泉：“功能主义视角下专家辅助人诉讼地位再认识”，载《现代法学》2018 年第 1 期。

[44] 侯英泠：“德国医疗契约债编各论有名契约化”，载《月旦法学》2015 年第 5 期。

[45] 夏昊晗：“医疗合同：《德国民法典》的新成员”，载《民商法论丛》2016 年第 60 期。

[46] 纪格非：“事实不证自明——突破医疗损害诉讼证明困境的另一视角”，载《证据科学》2016 年第 3 期。

[47] 纪格非：“医疗侵权案件过错之证明”，载《国家检察官学院学报》2019 年第 5 期。

[48] 刘鑫、马千惠：“医疗损害鉴定面临的挑战与对策”，载《中国法医学杂志》2018 年第 1 期。

[49] 刘鑫：“病历法律评估研究”，载《证据科学》2014 年第 3 期。

[50] 彭邦万：“论医疗水平在司法鉴定中的应用”，载《中国司法鉴定》2012 年第 1 期。

[51] 任学婧：“医疗损害责任纠纷案件中证明妨碍的适用”，载《华北理工大学学报（社会科学版）》2019 年第 6 期。

[52] 宋平：“论医疗侵权诉讼视野下的表见证明”，载《证据科学》2014 年第 3 期。

[53] 宋亚辉：“经济政策对法院裁判思路的影响研究——以涉外贴牌生产案件为素材”，载《法制与社会发展》2013 年第 5 期。

[54] 孙铭溪：“医疗纠纷证据认定的制度性调和——以瑕疵病历认定为视角”，载《法律适用》2015 年第 12 期。

[55] 王成：“医疗损害赔偿的规范途径”，载《政治与法律》2018 年第 5 期。

［56］翁晓斌："民事诉讼诚信原则的规则化研究"，载《清华法学》2014 年第 2 期。

［57］吴光平："医疗民事侵权诉讼之举证责任"，载《法末指缘》2017 年第 5 期。

［58］杨立新："《最高人民法院关于审理医疗损害责任纠纷案件适用法律若干问题的解释》条文释评"，载《法律适用》2018 年第 1 期。

［59］杨立新："医疗损害责任一般条款的理解与适用"，载《法商研究》2012 年第 5 期。

［60］张博源："我国医疗风险治理模式转型与制度构建——兼评《医疗纠纷预防和处理条例》（送审稿）"，载《河北法学》2016 年第 11 期。

［61］张海燕："论不可反驳的推定"，载《法学论坛》2013 年第 5 期。

［62］张新宝："民法分则侵权责任编立法研究"，载《中国法学》2017 年第 3 期。

［63］张宇葭："隆乳手术注射物致乳房组织病变案：医疗纠纷在民事事件举证责任之分配"，载《月旦医事法报告》2018 年第 11 期。

［64］邓虹等："病历中的法律风险防范"，载《医学与法学》2015 年第 3 期。

［65］钟维："论民法中的推定规范"，载《东方法学》2015 年第 6 期。

［66］周翠："从事实推定走向表见证明"，载《现代法学》2014 年第 6 期。

［67］周吉麟："民事医疗过失之判定——论医疗常规与医疗水准"，载《月旦医事法报告》2019 年第 7 期。

［68］谷佳杰："论证明妨碍在医疗损害赔偿诉讼中的适用——以《中华人民共和国侵权责任法》第 58 条为视角"，载《证据科学》2013 年第 2 期。

三、外文文献

（一）著作类

［1］Joseph H. King, The Law of Medical Malpractice in Nutshell znd ed, west publishing company co, 1986.

［2］Michael A. Jones, Medical Negligence, Sweet & Max well, 2003.

（二）论文类

［1］Morris, "Custom and Negligence", Colun, 42 (1972).

［2］E. H. Morreim, "cost contain ment and the standard of medicine care", Cal. L. Rev, 75 (1987).

［3］P. H. Shuck, "Malpractice liability and the Rationing of care", Tex. L. Rev, 59 (1980).

后　记

本书是在我的博士论文的基础上修改而成的。

感恩导师麻昌华教授。感恩导师垂青将我收入门下，我得以跟随导师开展侵权法的研究工作。导师求真务实的学术研究精神和宽容豁达的人生态度给我树立了榜样。于我而言，读博求学期间，在生活上，导师无时无刻不关心着我，每次开学见到导师时，他总会问到我家里的情况。在博士论文的撰写过程中，从选题的设计、文献的收集和论文的结构等环节都凝聚着导师的心血和智慧，如果没有导师的悉心指导，就没有这篇论文的问世。

感恩徐胜强教授、温世扬教授、张红教授、雷兴虎教授、张家勇教授、陈小君教授、徐涤宇教授。各位老师渊博的知识和深厚的学术造诣使我受益良多。感恩各位老师，你们在开题、预答辩和答辩过程中指出我的论文存在的问题及给出的建议，使我的论文逐步完善和成熟。

感谢同门和挚友。在这几年的求学时光中，同门宋敏博士、尚国萍博士、哈斯巴根博士、张永辉博士、郭晓红博士、张罡博士、唐鑫博士和苏利博士以及挚友张路博士、吴昊博士、李光恩博士、昝强龙博士、张瑞博士、李耕读博士不仅在论文撰写中给我提供了很多帮助，更在生活上给予了很多的关心，没有他们，我的读博求学生活会是何等的苦涩和乏味。

感恩我的父母、岳父母、妻子和我的哥哥，在读博求学期间，他们尽量为我排除外部因素的干扰，让我心无旁骛，专心于论文的撰写之中。夜里醒来时，我常常为他们的无私付出不求回报而感到深深的愧疚，但愿这篇博士论文最终完成，能带给他们稍许慰藉。

　　博士论文写作过程中，心情是复杂的，既有百思不得其解时的痛苦和郁闷，也有拨开云雾时的欣喜和快乐。痛苦和郁闷时，我始终没有选择放弃，而是迎难而上。欣喜和快乐时，我也保持冷静，这些只是暂时的，还有很多的困难等着我。

　　博士毕业论文完成，是学业生涯的终点，又是学术生涯的新起点，而我已经做好了再出发的准备。

林志辉

2023 年 2 月 25 日